税關及倉庫論

岸崎昌著

明治三十三年發行

稅關及倉庫論

日本立法資料全集　別巻

1234

信山社

法學士岸崎昌著

稅關及倉庫論

東京 博文館藏版

緒言

税關と倉庫とは其沿革よりするも大躰上密着の關係を有する事明なれども其深緣ある所謂保税倉庫なるものは本書に於ては便宜上税關編中に陳ぶる事となせしかば第二編に論ずる處の倉庫は狹義のものにして學者の保管倉庫と稱するものに止まれり故に純粋の觀念上第一第二の兩編は直接の關係を有せざるものにして税關は公法上外國交易に關して國家が或目的を達せんとする設備なれども保管倉庫は全く私法的關係にして內國交易品の受託行爲を目的とする私人自由の營業なれば本來税關の作用と業務的關係を有する事なし尤も國法によりては二者の間に法律上及經濟上の關係を生ぜしむるもの尠からずと雖も帝國の法制に於ては保管倉庫と保税倉庫の間に分明なる區別を存し全く別種の性質を有せしむるものなれば税關と保管倉庫は關係的存在を認むる事毫もなきなり唯だ實際上外國交易の市塲は必ず內國交易の要地たると同じく保管倉庫の存在は主として税關の地理的分布に伴ふことを必要とする塲合

多きが故に保管倉庫の附隨的業務の或點に於て税關に關係を有する事あるのみ是れ豫め讀者の注意を希望する處なり
吾人は本書を起艸するに當り先づ帝國の法規を基礎とし法律上及經濟上の二方面より之を觀察せん事を期せり然れども税關といひ倉庫といひ法律上別に深き法理を有するものにあらず反之經濟上よりしては其影響の大なる丈け趣味を有する事勿論なれども新税關法其他附屬法令、條約及倉庫法は共に其實施日淺きが上に著者の薄識非才十分に研究の目的を達する事を得ざりしは遺憾とする處たり只だ幸ひにして世の税關及倉庫の大躰を知らんとする人に參考ともなるを得ば著者の大に滿足とする處なり

明治三十二年十月下旬稿

著者識

稅關及倉庫論

目次

頁
第一編　稅關……一
第一章　稅關の概念……一
第二章　稅關と通商條約……七
第三章　稅關の管掌及組織……一五
第四章　稅關……二一
第一節　通過稅と輸出入稅……二三
第二節　財政的關稅と保護的關稅……二八
第三節　關稅の賦課……六一
第四節　關稅の徵收……六八
第五節　關稅の擔保及假納……七三

第五章　噸税……七九
第六章　各種手數料……八三
第七章　戻税及交付金……八八
第八章　船舶……九一
第九章　貨物……九九
第一節　貨物の分類……九九
第二節　貨物の輸出入積戻及回漕……一〇五
第三節　貨物の收容……一一四
第十章　保税倉庫……一一六
第一節　貨物の藏置及運搬……一一九
第二節　官設保税倉庫――預證券……一二七
第三節　私設保税倉庫……一三三
第十一章　關税警察及犯則處分……一四三

第十二章 處分に對する救濟手段……一四九
第十三章 制裁……一六一
第十四章 臺灣の稅關……一六五
附錄 協定稅率と國定稅率の對照表……一七四
第二編 倉庫……一八五
第一章 倉庫の概念……一八五
第二章 倉庫と商業……一八九
第三章 貨物の保管……一九三
第一節 保管貨物の範圍……一九三
第二節 保管義務附たり返還義務……一九六
第三節 賠償責任……二〇八
第四節 保管料其他の費用……二一六

第四章　預證劵及質入證劵……二一九
第一節　倉庫證劵の性質及要件……二二二
第二節　倉庫證劵の交付……二二八
第三節　倉庫證劵の流通……二三四
第五章　貨物の出庫……二四〇
第六章　競賣附たり質權者の請求權……二五四
第七章　附隨的業務……二六〇
第八章　英佛の倉庫業……二六九
第九章　倉庫業と銀行業……二八二

税關及倉庫論目次終

稅關及倉庫論

第一編　稅關

第一章　稅關の概念

法學士　岸崎昌　著

稅關の制度は古來經濟思想の變遷と國家狀態の差異により其主義及び組織は必ずしも同一にあらずと雖も苟くも國際貿易によりて彼我經濟的福利を增進しつゝあるの國は何れも之れが設備をなさゞるはなし蓋し稅關は國際競爭上國家の或目的を達せんとする一機關にして國際競爭の繼續する限りは到底之れを廢棄すべからざるものなるのみならず一國の施設は忽ち他國に至大の影響を及ぼすべきが故に國際交易の發達と共に寧ろ之れに依りて自國の利益を保護するの必要存すればなり

稅關の制度は國家が財政其

稅關の制度は國家の財政其他政策の目的を達せんとするにあり　國家は自

他政策の目的を達せんとするにあり

存の目的を達せんがためには財力を要す又た文化の目的のためには積極的に國民の身躰精神及經濟上の利益を發達し消極的には國家の安寧秩序を維持せざるべからず所謂國家の財政といひ政策といふもの實に此の二方面に外ならざるなり然るに之等の目的を達するの施設に至りては固より一にして足らず而して本編論ぜんとする處の税關も亦た其一たり

國家が其目的を税關によりて達せんとするの手段は主として國境税の賦課にあり

税關は其文字の示す如く租税とは沿革上離るべからざるの關係を有す而して國家が税關によりて其目的を達せんとするの手段も亦た主として國境税の賦課にあり國境税とは普通の意義に於ては國境を出入する處の貨物に賦課する處の租税にして輸出貨物に課するものを輸出税といひ輸入貨物に課するものを輸入税と稱す然しながら輸出税は現時文明各國に於ては一國の産業を沮害するものなりとの理由により或稀れなる例外を除きては一般に之れを廢棄せしを以て國境税とは主として輸入税を意味するものなりと解して大差なきものなりとす(最狭の意義)故に國家が財政上及政策上税關によりて達せんとするの手段は主として輸入税の作用に存す

輸入稅は財政上の收入を目的とするものと保護政策の目的に出づるものの二種あり

輸入稅は之れを實例に徵するも國家の財政上顯著なる收入を與ふる事は明かにして其徵收の形式及び國庫に及ぼす結果に於ては毫も他の各種租稅と差異あるなく此點よりしては輸入稅は單に財政上の收入を目的とするの外毫も政策上の意義を有せざるが如し然しながら輸入稅は賦課の目的よりして之れを觀察するときは他の租稅と同じく單純に收入を目的とするもの丶存すると同時に他に政策上の目的を有するもの丶存する事を忘るべからず此種の輸入稅にありては國學の收入は附隨の目的にして學者之れを保護的國境稅と稱し啻に普通の租稅と其觀念を異にするのみならず輸入稅中收入を唯一の目的とするもの即ち所謂財政的國境稅とも亦た全然別種のものなり故に國家は輸入稅なる單一の名稱の下に二個の目的を有するものなりといふべし

保護的輸入稅とは課稅の作用により外國品の輸入を拘束し之れと同種の內國品の生產を發達せしむるの目的を以て徵收するものにして財政上の收入は第二段の目的とす元來貿易は自由なるべきや或は保護すべきやは古來の大問題にして甲論乙駁屢々操返されたりと雖も後段にも陳ぶるが如く議論

を以て絶對的に決定する事は難しとする處にして要は各國の事情に鑑みて之れが可否を決するの外なきが如し然るに實例上に於ては一二の國家の外は未だ保護的輸入税を廢棄せし事なく會々之れを斷行せしも暫くにして之れを回復したる事多し故に一般の國家は其必要を認むるものにして現時に於ても又た將來に於ても必竟之れを廢棄するを得ざるが如し

財政的輸入税は其名稱の如く收入を以て主たる目的とするものなりと雖も弊害の點に付きては最も愼重に注意すべきものなり凡そ租税は其負擔の歸着點を究めざるべからず而して輸入税は其負擔の歸着する處全く內國消費者に存するが故に輕卒に税目を撰擇し税率を上下するときは忽ち內地產業の上に惡結果を蒙らしむるに至るされば財政的輸入税は常に內國產業の弊害のために一歩を讓らざるべからず換言すれば少なくも內地產業を沮害せざるの點を以て極度とするを要す

國家が税關によりて財政上の目的を達する他の手段

國家が税關によりて財政上の收入を得んとする處のものは獨り國境税に限れるにあらず尙ほ他に性質上若しくは便宜上税關の徵收權の下に屬せしむるも

国家の税關による保護政策は必ずしも輸入税にのみ依るものにあらず

税關は外國貿易上國境に於ける一定の場所に存する機關なり

の少なからず例せば帝國には存在せずと雖も他國間の交易品が自國を通過するの對價として徴收する處の通過税の如き若しくば帝國に近頃施行せられたる處の船舶の入港に賦課する噸税の如き或は各種の手數料其他の名稱により收納する處尠なからざるなり

國家が又た税關によりて保護政策を實行せんとするの手段は必ずしも輸入税の賦課に止まらざるなり即ち他に尙ほ積極的に輸出を奬勵し扶助する處の方法あり所謂戻税又たは輸出奬勵金の交付の如きは其顯著なるものにして帝國に於ても酒類造石税醬油税下戻及製造煙草輸出交付金は明かに官制に於て税關の管掌に歸せしめたり

税關は外國交易に關して國境上一定の場處に於ける機關なり　國家は以上の手段によりて其財政上及政策上の目的を達せんとするには是非とも貨物及其運輸機關をして一定の場處を經由せしむるの必要あり之れ殆んど自明の事にして税關が貿易上一の關門たる所以なり然るに税關は沿革上よりすれば必ずしも國境に存するものたるに限らず昔時國內税關の制度は曾つて盛んに行

はれたり然れども此種の稅關は現時の稅關とは其主義大に相反し國家的の觀念を全く其根底に存せざるものなり蓋し稅關は一方にありては交易の進路を拘束するの嫌あるのみならず他方にありては通過する處の貨物及び運輸機關は課稅其他の公課の爲めに其負擔を增加するが故に國內の消費者は必ず其影響を蒙らざるを得ず若し貨物の經濟的消費は即ち生產を意味するものにして交易及び交通の敏活は經濟的消費の半面なりとせば內國關稅の制度は明かに自滅の策にして國際競爭上一日も其存在を認むべきものにあらず故に此種の制度は已に業に廢止せられたり反之して國境稅關は其影響の歸する處は等しく內國消費者にありと雖も元來之れが爲めに外國品に對するの需要力を減殺して內地の產業を發達せしむるか若しくは內地の產業には毫も影響を與へずして一國の收入を得るかの主意に出ずるものなるを以て其精神及結果に於て內國稅關とは著しき差異あるものといはざるを得ず要之するに現時稅關の觀念としては必ず國境上の設備ならざるべからず

稅關は又た國家が其目的を遂せんとする設備にして其手段は公權力の發動を

要すべきものなり故に其性質上當然國家の機關たるべきものにして內外人を問はず何人も之れに服從せざるべからず從つて一國稅關線內に於ける關稅警察及び犯則處分に關して稅關監視權の適度なる活動を有する事を得

要之するに稅關とは外國交易に關して財政上及政策上の目的を達せんが爲めに國境上一定の場處に於て適當なる處置をなさんとする國家の機關に外ならざるなり

第二章　稅關と通商條約

稅關條約の必要

稅關の作用は內國法任意の制定に係るものにして苟くも其領土內にありては內外人を問はず何人も之れに服從せざるべからざるは言を俟たず然れども內國法の制定は元來一國主權獨立の作用に出づるものにして毫髮も他の國權の關與を許さゞる處なるが故に各般の對外政策上時に應じて之れが變更改正をなすは其任意なり而して稅關の如き直接外國交易上に連關するものにありては稅制の作用によりて國際政策上の目的に利用されし事尠なからず故に各國

は互に自國臣民の利益を擧げて他の國法の下に放任する事能はざるの事情あり遂に條約を以て國內法を確保するに至れり

然れども條約の必要は斯かる消極的の目的のみに出ずるものにあらずして他に寧ろ積極的の目的に出ずるものあり抑も各國は其形勢を異にし進步の程度亦た同じからず從て政事上產業上其他諸般の點に於て到底其利害關係を同ふするものにあらず故に一國は各外國を通じて單純に內國法を以て之れを律する事能はざるの事情あるよりして終に互に內國法を補充するの目的を以て條約を締結する事あり或は又た利害關係を同ふする數ヶ國の間特に協議をなして內國法に對する例外を認むる場合あり而して稅關制上の條約が屢々此種の目的によりて締結せられたる事は歷史の證明する處なり(條約は固より條約として當然國內に效力を有するものにあらず國家が條約に服從すべき事を臣民に命令するに及びて初めて効力を生ずるを普通の原則とす)

各國にして若し例外なく自由交易主義を採るものなるに於ては關稅上の條約は現時に於けるが如く重大なる關係を生ずるに至らざるべし然れども事實上

は之れに反して一二の國家の外は皆な保護交易主義を採らざるなく殊に本世紀の中頃より商工業の發達せるに從ひ保護の流行は其絶頂に達し課税によりて外國品を國境に防止し以て自國の生産を奬勵するの方針を以て進み來れり然れども此政策は其施設宜しきを得ざるときは往々にして報復的課税を招ねくが故に(例之バビスマークが獨逸に保護税を布きて魯國の重要輸出品たる小麥を其國境より驅逐したるに當り魯西亞政府は直ちに獨逸鐵に重税を課したるが如し)反つて自他の不利益を招く事少なからず而して保護税の關係する處は獨り保護主義の列國のみならず英國の如き自由貿易國と雖も保護貿易國に對する輸出貨物に關しては全然輸入國の保護税制に放任する事能はざるなり故に彼の條約を以て成立する處の協定税率と稱するものゝ如きは各國の保護政策を調和するの目的に出ずるものにして要するに自由保護兩主義を折衷したる處の主義に基けるものたるに外ならず

然ながら關税條約は事實上單純なる交易上の一貫したる主義を以て訂結せられし事は甚だ稀れにして(一千八百六十年の英佛間に於ける通商條約は明かに

條約の效果

一定の理論を貫きたるものなり)大多數は時と場合に適應したる政策上の結果に外ならざるなり即ち自國商業の範圍を擴張せんが爲めにするものあり或は外交上攻守同盟をなすの必要よりするものあり其目的固より一ならず然れども二三國家に對して特別の税制を認むるの事實に於ては殆んど異なる處なし

以上によりて税關に關する條約は消極的には內國法を確保し積極的には內國法を補充し若くば例外を認むる等の主意に基くものなる事を陳べたり而して就中例外的のものは主として國境税に關するものに多きが故に此種の條約は國際關係上最も注目を要する處なり

條約の効果に付きては深く論ずる迄もなく一國の機關たる税關は必ず之れによりて其作用を拘束さるゝものにして條約を無視して濫りに內國法を適用する事能はず而して同一事項に關して國法と條約の間に牴觸ある時に於ては國家が反對の意思を表示せざる限りは條約に據るを本則とす(條約に準據するは國法に服從するものなり)要之するに現時税關の作用は條約と國法の二者相俟つて初めて達するものといはざるべからず

税關に關する條約の事例

帝國は曩に條約改正の目的を達して各國と新たに對等なる通商條約を締結せり今試みに税關の作用に關する條項に付き日英通商航海條約中より二三を摘錄して聊か一國が他國法に對する用意の如何なるものなるやの一端を窺知せんに

日英通商航海條約中の數項

大不列顛國(以下單に大英國と稱す)皇帝陛下の版圖内の生産或は製造に係る物品は何地より日本國皇帝陛下の版圖内に輸入し又日本國皇帝陛下の版圖内の生産或は製造に係る物品を何れの地より大英國皇帝陛下の版圖内に輸入するも總て別國の生産或は製造に係る同種の物品に課する所の税に異なるか或は之れより多額の税を課せらるゝ事なかるべし又締盟國の一方の版圖内へ別國の生産或は製造に係る物品の輸入を禁示するにあらざれば他の一方の版圖内の生産或は製造に係る同種の物品を何れの地より輸入する事をも禁ずる事なかるべし但し人畜或は農業に有用なる植物の安全を保護するに必要なる衞生上及其他の禁止には適用すべからざるものとす(第五條)

兩締盟國の一方の版圖內へ輸出する一切の物品へは他の各外國へ輸出する同種物品に對して賦課し若しくは賦課すべき所に異なるか或は之より多額の稅金又は雜費を賦課する事なかるべし又兩締盟國一方の版圖內に於て他の各外國に向ひ物品の輸出を禁止するにあらざれば一方の版圖へ同種の物品を輸出する事を禁止せざるべし(第六條)

兩締盟國の一方の臣民は版圖內に在りて總ての內地通過稅は免除せらるべく又倉入奬勵金便益及稅金拂戾等の事項に就ては全く內國臣民と均等の取扱を享くべし(第七條)

日本國皇帝陛下の版圖內の諸港へ日本國の船舶を以て適法に輸入し若くは輸入せらるべき物品は亦大英國の船舶を以て同樣に之を右諸港へ輸入する事を得此の場合に於ては日本國船舶が右樣の物品を輸入するとき課すべき稅金或は雜費の外何等の名義を以てするも更に別種或は多額の稅金雜費等を課せざるべし又た大英國皇帝陛下の版圖內の諸港へ大英國の船舶を以て適法に輸入し若くは輸入せらるべき總ての物品は亦た日本國の船舶を以て

同様に之を右諸港へ輸入する事を得此の場合に於ては大英國船舶が右様の物品を輸入するとき課すべき税金或は雜費の外何等の名義を以てするも更に別種或は多額の税金雜費等を課せざるべし右相互對等の取扱は右物品の直ちに原産地より到ると其他の場處より到るとを問はず必ず之を施すものとす

輸出に關しても前項の場合と同様全く均等の取扱を施すべし故に締盟國の一方より適法に輸入し若くは輸出せらるべき物品は其輸出の日本國船舶に依ると大英國船舶に依るとを問はず又其仕向先の締盟國の一港たる第三國の一港たるを問はず締盟國の版圖内に於ては之に課するに同一の輸出税を以てし又之に許すに同一の奬勵金並に税金拂戻の事を以てすべし(第八條)

以上の外船舶貨物等に關する事項及び避難等の場合に於ける税關の作用に關して規約する處ありと雖も畧す尙ほ追加約定中に『若日本國ニ於テ何時ニテモ其精糖の産出若クハ製造ニ對シ增税ヲ課スルコトヲ必要ト見做ストキハ其增加セシ内國税ヲ課スル間ハ日本國へ輸入スル所ノ大不列顚國ノ精糖ニ對シ前

最惠國條款

記内國税ト同額ニ増加スル所ノ關税ヲ課スルコトヲ得ベキコトヲ兩締盟國ニ於テ承諾ス、但シ右ニ關シ大不列顛國ノ精糖ハ常ニ最惠國ノ産出若クハ製造ニ係ル精糖ト同一ノ取扱ヲ享クベキモノトス』とあるが如き何れも主として帝國國内法を補充確保するの意思に出ずるものにして他に更に兩國の利益上便宜の爲めに特別に國法の例外を規定する事あり而して協定税率に關する箇條の如きは其最も必要なる部分なりとす

協定税率の事に關しては必ず後章に陳ぶるの機會あるべきが故に就て參照せらるべきを希望す然れども一言すべきは其税率の適用が國定税率の賦課を無效にするの一事にして明かに條約の規定する處なり尚ほ協定税目は英、獨、佛、及墺等に對して存在すれども之等の各國は皆な最惠國條款を有するを以て以上の中或一國との條約には税目を存せざるも他の一國との間に低税を協定するときは前者も亦た同一の利益を得る事となるが故に要するに一國に對する特別の利益は此の約款を有する各國の通じて享くる處なり

以上陳べたる處を更に概言すれば税關法規は一國主權任意の制定する處なれ

ども國際交通其地政策の必要上各國間に條約を締結するを普通とす而して一旦締約したる以上は條約を以てするにあらざれば漫りに國法を以て之を變更廢止するを得ざるものにして稅關條約の存在は國內法による一國稅關の作用を或程度に於て拘束するは言を俟たず要するに條約と國法と併行して初めて國際貿易を圓滑に行ふ事を得べし

第三章　稅關の管掌及組織

帝國稅關の管掌

管掌とは國家機關が機關として處理すべき國務の範圍をいふ稅關の管掌する處は主として國境稅務にあり其外之れに附帶する必要事項又たは性質上若しくば便宜上之をして取扱はしむる事項に至りては各國々法によりて各々同じからず今帝國稅關官制に就きて之れを看るに

一　關稅噸稅及稅關諸收入に關する事項

二　保稅倉庫其他の倉庫に關する事項

三　船舶及貨物の取締に關する事項

四　關稅法及噸稅法犯則者の處分に關する事項
五　酒類造石醬油稅下戾及製造煙草輸出交付金に關する事項
六　關稅通路の取締に關する事項
以上を以て帝國稅關の掌るべき事務の範圍なりとす其詳細は後段章を分つて說く處に就きて知るべし

稅關の位置及管轄區域

稅關は大藏大臣の管理する處にして橫濱、神戶大阪、長崎函館及新潟の六港に在り其管轄區域は左の如し
橫濱稅關　遠江より陸前に至る十一個國及小笠原島
大阪稅關　參河より攝津(西成郡以東)に至る七個國
神戶稅關　攝津(河邊郡以東)より山陽道(周防長門を除く)を經て山陰道
長崎稅關　周防長門及び九州琉球
新潟稅關　北陸道全躰
函館稅關　陸中陸奧及び北海道全躰

稅關支署の位置及區域

稅關支署は稅關管轄區域內必要の塲處に存し其位置及管轄區域は左の如し

稅關官吏及其分掌

位置	管轄區域	位置	管轄區域
駿河清水	駿河遠江	伊勢四日市	伊勢志摩
石見濱田	石見	伯耆境	出雲伯耆
丹後宮津	因幡但馬丹後	豐前門司	周防長門豐前豐後日向
筑前博多	筑前	肥前唐津	肥前東松浦郡西松浦郡北松浦郡小城郡
肥前口ノ津	肥前南高來郡北高來郡	肥後三角	大隅薩摩肥後筑後
對馬嚴原	對馬下縣郡	對馬佐須奈	對馬上縣郡琴村舟志村佐護川以北
對馬鹿見	對馬上縣郡芦見村中原村佐護川以南	後志小樽	後志石狩天鹽北見
琉球那覇	琉球	釧路釧路	根室釧路十勝千島
膽振室蘭	日高膽振	越前敦賀	若狹越前
能登七尾	加賀能登	越中伏木	越中
佐渡夷	佐渡	尾張武豐	三河尾張

稅關には稅關長あり大藏大臣の指揮を受け一切の事務を管理す稅關長は奏任にして高等官三等に在官する事滿三ヶ年其行績顯著なるものは高等官二等に

臨敍する事を得るものとす税關長の外税關を通して左の職員あり

事務官	專任	奏任	八人		
監視官	專任	奏任	四人		
鑑定官	專任	奏任	十二人		
事務官補	專任	判任	三百十二人		
監視	專任	判任	七十七人		
鑑定官補	專任	判任	百十七人		
監吏	專任	判任	六百八十八人		
技手	專任		三十六人		

事務官は税關に分屬して税關長を助け事務官補は庶務に從事するものとす但税關支署長は事務官及ひ事務補中より任命せらるゝものにして税關長の指揮を承け其管轄內の税關事務を掌理す

税關監視部及税關監視署

税關に税關監視部あり税關警察及犯則處分に關する事務を掌理する處にして部長一人あり監視官又は監視を以て之れに任す税關監視部の下に税關管轄區域內必要の場處に税關監視署を設く署長は監視若しくは監吏を以て之に充つるものにして監視署の位置は左の四十個處とす

税關監視署の位置

陸前國石卷　下總國銚子　安房國館山　武藏國東京　琉球八重山
武藏國孱風浦　相模國浦賀　相模國上宮田　伊豆國下田　羽後國能代

小笠原島父島　志摩國鳥羽　紀伊國新宮　紀伊國和歌山　陸奥國青森
和泉國堺　攝津國西宮　淡路國洲本　伊豫國宇和島　根室國根室
伊豫國今治　讃岐國土庄　播磨國明石　備中國玉島　千島國紗那
備後國尾道　安藝國宇品　隱岐國西鄕　周防國德山　北見國稚內
長門國萩　肥前國平戶　肥前國島原　肥前國福法　北見國鴛泊
豊後國大分　大隅國大島　薩摩國鹿兒島　壹岐國勝本　後志國壽都

右の中新設に係るものは漸次開廳するものなりとす

税關監視部長及び税關監視署長は共に税關長の指揮を承くるものにして其他の監視若しくは監吏は上官の命を承けて各所屬事務を取扱ふものなりとす

鑑定官

鑑定官は税關長の指揮を受け貨物の檢査鑑定に關する事務を掌理し鑑定官補は上官の指揮を受けて貨物の檢査鑑定に從事するものとす

税關內部の分課

税關內部の分課規程に關しては橫濱税關に就きて左に之れを陳ぶべし橫濱税關に監査課及其分室、檢査課、鑑定課、徵收課、貨物課、庶務課、税關長官房及其分室、統計係の外に監視部あり先づ監査課分室に於て船舶貨物に關する輸出入申告其他諸申告、積荷目録等を受理し船舶國籍證書其他書類を預入並に之を保管す檢査課に於ては監査課分室より送付せる輸出入申告書及び仕入書等に對照して貨物を檢査し(檢査は他の指定場に出張して行ふ事あり)有税、無税を鑑別し税率を適用す若し檢査上必要あるときは鑑定課に於て貨物の品質、價格を鑑定し化學的試驗を行ふ斯くて監査課に於て申告書類に付檢査の結果を調査し輸出入を許否す特に輸入品中有税のものに付きては税率適用の當否を鑑定し若し正當と認定したるときは申告書は徴收課に交付し金庫の領收證に依り納税濟を認めたる後輸入免狀を下附す其外又た本課に於ては特許認許證明其他噸税の賦課等の事務を取扱ふものとす徴收課は關税噸税、庫敷料、手數料(印紙貼用の分を除く)等を調定し納入告知書を發し金庫の通知に依り收入を記帳す

貨物課と稱するは輸入貨物の陸揚輸出貨物の送狀を認定し輸出入免狀に依り貨物に檢印し引取、發送を許可し(若し規定の期限内に引取發送をなさゞるときは貨物を收容す)又は官設保税倉庫を管理し私設保税倉庫を監督す從つて税關の上屋と稱するものも亦た本課の管理に屬する處なり

庶務課は諸般の拂戻金、交付金を取扱ひ且つ經費の豫算其他稅關內部の事務を掌る處にして用度及建築の事務も亦た本課に屬す

稅關長官房は稅關長に屬する書記の事務を執行し官房分屋統計係と稱するは輸出入其他諸般の統計を調製す

監視部と稱するものは關稅警察を掌理する處にして密商脫稅の危險を防禦し貨物を保護し犯則事件あるときはこれに關する調査處分は其任務中主要なるものなり本部には庶務陸務及海務の三係ありて各其任務を分掌す尙ほ其配置に付きては之れを稅關の構外と構內に區別し構內に數ヶ所の監所を設く構外には橫濱港內の沿岸を四監視方面に區別し各方面の要地に監所を設置せり

以上によりて稅關の管掌及組織の大躰を陳べたり尙ほ之れより進んで其管掌各事項に就き章を分つて硏究すべし

第四章　關稅（國境稅）

關稅（海關稅と稱する名稱は語弊あり）は稅關の沿革上密着の關係を有し管掌事

務中最要の位置を占むる事は曾つて陳べたる處なり即ち國家が稅關によりて達せんとする財政上及政策上の目的は主として課稅の作用に繫るが故に吾人は少しく詳細に亘りて之れを論究すべし

關稅は國境に於て出入貨物に對して徵收する處の公課にして廣義に於ける消費稅の一種なり昔時にありては其目的は殆んど國庫の收入を得るに存せしが貴金主義行はれ保護貿易論と自由貿易論の起るに及び學者の一問題となり關稅賦課の上に尠なからざる影響を與へたり而して之れを實例に徵するときは自由貿易論は一時歐洲を風靡し英國が其主義を實行せるに次ぎて數多の國家も亦た之れを斷行せしと雖も幾何もなくして再び保護主義を行ふの不得止に至れり唯だ現時に於て之れを持續するものは獨り英國を存するのみにして其特別なる國勢上必然の事由なりしなり然しながら自由貿易論は決して無稅を意味するものにあらず他に財政上の目的を以て之れを賦課するは毫も其論旨に抵觸する處あるにあらざるなり故に英國に輸入稅を存するも決して自由貿易國たるを失ふものにあらず

又た輸出稅と稱するものは一國の產業を沮害するものなりとの理由により現時の文明各國は大概之れを廢棄せしを以て關稅の問題は主として輸入稅に關し從つて關稅を以て輸入稅を意味するの傾向あるに至れりと雖も本章に論ずる處は斯かる最狹の意義のものにあらずして更に廣義のものを意味せり故に今國境を出入する處の貨物移動の狀態を基礎として之れを區別するときは通過稅と輸出入稅に分つ事を得べく又た課稅の目的より之れを觀察するときは更らに保護的關稅と財政的關稅に區別する事を得べし吾人は以下に數節を分つて之れを研究し更に進んで其賦課及徵收に論及すべし

第一節　通過稅輸出入稅

通過稅とは他國間の交易品が自國を通過するに對して賦課する處の租稅なり

凡そ一國の領土を出入する處の貨物は其移動の目的によりて之れを三種に分類するを得べし自國の生產品にして他國の需要に應ぜんとするもの（一）自國の消費に供せんが爲めに他國より供給せらるゝもの（二）及び他國間の交易品にして單に自國を通過するに止まるもの（三）之れなり而して所謂通過稅とは即ち此

通過税の利害

の第三種の貨物に對して國境に於て其輸入に課するものをいひ輸出入税とは第一若しくば第二種の貨物に對して賦課するものをいふ

通過税は他國間の交易品をして自國を通過せしむるの對價として之れを徴收するものにして觀念上啻に不可なきのみならず內國の消費者は直接に其の影響を蒙る事なければ財政上の收入を得るの點よりしては適當のものなりといふべし然れども一國の地勢と産業の狀境によりては未だ必ずしも是認すべからざるなり抑も通過税は其丈け通過品の價格を騰貴し其結果需要國の消費力を減すべきが故に交易國は其負擔を免れんが爲めに途を他に求むるか或は然る事能はずして止むを得ず通過をなすも勢ひ其交易高を減ずるに至るべく從つて通過國の交通業に尠なからざる影響を來すことあり要之するに通過税は一國の地勢其他の狀態によりて之れか採否を決すべきものにして交通要路を獨占するの國柄に於ては適當なる税率によりて之れを賦課するも敢て不可なきがごとし然しながら財政的收入を得んとするの目的は往々にして其手段の上に適當なる範圍を脱逸せんとするの弊あり爲めに他國の報復的手段を招き

通過税に關する帝國の法規

必竟自地經濟上の不利益を釀す事少なからず是れ頗る愼重に注意すべき處にして曾つて獨逸諸國分立の際に於ける經濟上の損害は歷史上此點に於て顯著なる實例を示す處なり帝國の如き形勢の地にありては之れを賦課するは最も不利益にして實際上亦た之れを徵收せる事なし然しながら爲めに名を通過品に藉りて輸入税を逋脫せんとするの詭計は十分に之れを防禦するの必要あるが故に税關法に於ては通過の爲めに輸入する貨物は輸入の際税金の擔保として税金相當の金錢其他の有價物を提供せしめ之と同時に通過貨物の運搬は必ず税關通路に由るべき事を命ぜり

關税通路

關税通路とは通過貨物の運搬(税關法第三十五條)及び保税倉庫より若しくは保税倉庫へ輸入手數未濟の貨物を運搬するとき(保税倉庫法第四條)に經由すべき通路にして本年九月十二日勅令第三百八十三號を以て公布せられたり

即ち

横濱新潟間　　官設鐵道、日本鐵道及北越鐵道

横濱大阪間　　官設鐵道

四日市大阪間　關西鐵道
大阪敦賀間　官設鐵道
大阪神戸間　官設鐵道
小樽室蘭間　北海道炭鑛鐵道
門司博多間　九州鐵道
博多長崎間　九州鐵道

輸出入税

輸出税は原則として廢棄すべきものとす

輸出入税は交易上内外貨物の出入に對して賦課するものをいふ輸出税は曾つて歐米諸國に盛んに行はれしか國際交易の範圍擴張し競爭の激甚となるに及び輸出に課税するは其結果價格を騰貴せしめ他國の同種の生産品に對する競爭力を減殺し從て自國の産業を沮害するが故に漸次率ね之れを廢棄せり就中合衆國の如きは憲法を以て明かに之れを嚴禁せり唯だ現時に於て尚ほ之れを行ふものは僅かに伊、土、瑞、の數國にして或る特別の事情の存するが爲めに之を課するのみ但し其税目の數は漸次減少の傾あり（帝國の現行法にも臺灣島には數多の輸出税を認めたり後章陳ぶる處につきて參照あるべし）蓋し或生産は一

輸出税の存在を認むべき特別の場合

國の專占事業なる事あり例之は伊太利に於ける硫黄の如く又たは殖民地物產と稱する珈琲及砂糖の如きは他國の競爭を許さゝるものにして之れが輸出に課税するも自國の生產を沮害する事なく且つ其負擔は外國消費者に歸するが故に其消費高を減少せざる限りは税率を高め以て財政上の收入を增加せしむるを適當とす又な自國の或生產は他國の同種のものに比して低廉なる事あり此の塲合に於て適當なる課税は毫末も非難すべきにあらざるが如し例之は阿片税の印度に於て存するが如し

輸出税は消極的に廢止すべからざる塲合あると同時に尙ほ積極的に之れを賦課せざるべからざる塲合あり例ば一國の主要なる生產品の原料若しくは補助貨物にして其國に欠くべからざる必須の貨財の如きは若し其產額多料に存せずして辛ふじて自國の需要を充たすに足り而して他の低廉なる供給に乏しきが如き狀境にあるときは輸出禁止の目的を以て之れに課税し以て或る自國の生產を維持せざるべからざる事あるが如し要するに輸出税は理論上及び實際上共に廢棄すべきものにして或る二三特種の塲合に限り例外として之れを認

むることありといふべし帝國に於ては開國以來之れを存し從來各個の法令を以て漸次之れを廢棄し來りしが新條約及び新關稅法其他附屬法令の施行と同時に內地に於ては全然之を廢止するに至れり

關稅に關して古來より議論の中心たりしものは屢々陳べしが如く輸出稅にあらずして全く輸入稅にあり蓋し租稅論の最も注意を要する處は其負擔の歸着點にして輸入稅の如きは之れが納稅者は內外の輸入者なりと雖も或稀なる例外を除きては其歸着する處は全然內國消費者にあるが故に其影響に關する觀察を異にするよりして自由及保護の兩主義を生ずるに至れり

兩主義の是非は姑く之れを後節に讓り現時各國未だ輸入稅を廢止せしを聞かず其所以は財政上、產業上若は社會上等諸般の目的を達せんが爲めにして英國の如きは單に國家の收入上課稅するに過ぎざれども他の一般保護國は現時に於ては單純なる保護政策上の必要のみにあらざるが如し

第二節　財政的關稅と保護的關稅

財政的輸入税

財政的といひ保護的といふは共に課税の目的を示すものにして其關係は主として輸入税にあるが故に本節は之れに付きてのみ論究すべし

財政的輸入税と保護的輸入税は共に輸入税の名稱を有すと雖も固と別種のものたる事は曾つて陳べたる處なり即ち財政的輸入税は一國の收入を得るを目的とし先づ第一に租税の原則より賦課するものたり抑も租税は公平にして一般ならさるべからず故に若し外國品に課税せざるときは内國品は諸般の消費税を徵收さるゝにも拘はらず外國品は其税額丈けの利益を有し其消費者は結局其負擔を輕減せらるゝの結果を來すものなり即ち換言すれば輸入品は特別の保護を受け次ぎに外國品の消費者は特別の厚遇を受くると同一の結果を來たさゞるを得ず是租税の公正原則に背反する處にして外國品に對する輸入税の賦課は内國消費税との權衡上必要なりといふべし然るに一切の外國品は何れも課税して可なるや否やは更に一考せざるを得ず何となれは貨物の經濟的

財政的輸入税と内地產業の關係

消費は生產に外ならざるにも不拘輸入税の負擔は全く内地の消費者に歸着するが故に收入を得んか爲めに内地の產業に遮害を及ぼすか如き事ありては國

財政的輸入稅の稅目及稅率

家の實力を委靡するの大弊なればなり故に財政上の收入を目的とする輸入稅は內地の產業によりて其範圍を消極的に制限せらるゝものにして內地產業の狀境は必ず之れを斟酌せざるを得ず從つて財政的輸入稅を賦課すべき貨物の種目及稅率の如何は順序上第二に惹起する處の問題なり

財政的關稅の課稅物件として選擇すべきものは內地產業の有用品なるべからず又た下層社會に甚しき重荷を負はしむるが如きは租稅の公平原則に背戾するが故に勉めて之れを避けざるべからず要するに此點に付きては毫も內國諸稅の原則と異なる處なく即ち奢侈贅澤の貨物に對しては最も重課して生產の必用貨物(若し課すべくんば)には極めて輕微ならざるべからず然しながら奢侈品と雖も其稅率餘りに高きに失するときは往々にして猾徒の爲めに密輸入を企てらるゝの恐あり是れ即ち正直なる商人に對して不正の暴利を壟斷せしむるものにして國家は租稅の公正を保たんが爲めに反つて脫稅の大危險を釀すものといはざるべからず是れ往々事實の證する處にして此種の危險は概して小量にして高價なる隱蔽し易き貨物に生じ易きの弊なりとす

財政的輸入税と收入

財政的輸入税は再三陳べたるが如く其觀念上毫末も交易の自由若しくは保護の二主義に關係を有せざるなり從つて自由貿易主義たると保護貿易主義たるを問はず此の種の輸入税は各國率ね認むる處にして課税原則上之を徴收するの理由あるのみならず內國の消費税は之れを徴收するに當りて當局者往々にして非常の困難を感じ從つて莫大の費用を要する事稀れならざるに反し輸入税にありては國境に於ける一定の場處に於て之れを徴收するものなるが故に內國消費税の徴收に比して其難易同日の論にあらず從つて巨額の徴收費を要せざるなり是れ輸入税が國家の收入上廢棄すべからざる理由の一にして此點に關しては輸入税の財政的なると保護的なるとによりて差異なきなり

財政的輸入税に關して吾人に好適例たるものは英國なり英國の輸入税は全く財政上の收入主義に出ずるものにして其自由貿易主義は最も極端に行はる然るに其税目は僅かに六種にして(茶、烟艸珈琲及酒類の六種にして何れも英國に生產せざる奢侈品なりとす唯だ一の例外は英國に生產する處の麥酒に關しては若し內國に於て特別に之れに課税するときは之れが權衡上外國より輸入するものに對して內國特別稅と同額の課稅をなす事を得)其稅率は世界中に最高のものなり即ち最高二割五分にして最低一割二分なりとす而して其收入高は經常收入の二割五分許に相當せり他の國家に付きては輸入稅の財政的なるや保護的なるやは之れを區別して觀察する事を得ざるを以て到底財政的輸入稅の收納高を明かに知る事を得ずと雖も固とより豐富なる國家の財源たる事は疑を容れざる處なり

保護的輸入稅

保護的關稅とは內國の生產を保護し外國品の競爭を打破するの目的を以て輸入品に賦課するものを云いふ其結果は元より國家の收入に歸するに相違なしと雖も直接の目的は此點に存せざるなり故に合衆國の如き保護國にありては珈琲の如きは奢侈品にして課稅の目的としては最も適當なりと雖も自國に之れを生產せざるが故に之を保護するの必要なく從つて輸入稅を賦課する事なきなり是れ自由及保護の二主義が輸入稅に及ぼす結果の顯著なる差異なりとす

近頃新紙の傳ふる處によれば米國に於てブラジル產の珈琲に一封度三仙の

課税をなすの議ありといふ其信疑は元より確かならざれども其理由を聞くに昨年伯政府は米國の貨物に對して殊更に法律を制し一割の課税をなし且つ金貨を以て徴收する事とせり是れ米國物産にとりては非常なる負擔の加重にして米政府は之れに關して伯政府に交涉中なるも若し其交涉にして調和せざるときは米國へ輸入する珈琲中の大部分を占むるブラジル産に對して報復的課税をなすべしと云ふ珈琲と共に自國に産出せざるの故を以て久しく無税たりし茶が昨年軍事費收入の名稱を以て一封度三仙の重税を徴收せられたる實例よりして之れを察するときは收入を得るの名義の下に珈琲課税の事必ずしもなきを保せず

若し前陳の如くんば名義に於ては財政的輸入税なりと雖も其實質に於ては純然たる財政主義のものにあらずして一時の政略に基く一種變躰の輸入税として見るべきなり

夫れ內地の産業を保護し發達せしめんが爲めに之れと同種の外國品に課税すべきや否やは古來の難問にして甲論乙駁抵止する處なきなり蓋し保護税は其

保護税論と自由貿易論

負擔全く內國の消費者に歸着するが故に果て內地の産業者に對する眞正の保證なるや否や而して又た一國全躰を通じて十分に利益を與ふる處の税制なるや否やは何人と雖も確然と判定する事難きがゆへなるべし然しながら吾人の見る處を以てすれば少なくも新進國若しくば劣等國に於ては實際上之れを採用すべきの必要あるが如し

古來保護論は種々の方面よりして主張せられたり曰く一國の産業單純なるときは社會の生活單調に過ぎて富贍ならず智力上活働の範圍も亦た自づから狹隘なり故に一朝自國の生産に一打撃を蒙るときは之れに依賴せる人民は非常の災厄を受はざるはなし曾つて愛蘭土人民が獨り馬鈴薯に依賴せるが爲めに其不作に際して大困難を釀せしが如きは顯著なる證例なりとす加之ならず斯かる邦國にありては他の有用品は必ず之を外國に仰がざるを得ず故に若し一朝外患の爲めに其輸入杜絶するか若くは自國生産品に對する需要を滅却するときは一國は擧げて饑渇に墜らざるを得ず是れ生産は可成複雜ならしむるを要する所以にして此目的を達せんには外國品の競爭力を制限せざるべからず

而して之をなすは保護税によるの外能はざるなり又た曰く保護税によりて生産複雜となれば各種の作業を增加し從つて下層の勞働者を利得すべし或は曰く給料の高き國にありては廉價なる外國の勞働者の競爭に對して自國の勞働者を保護するの必要ありと其他保護論は各種の方面よりして之れを主張せられたり然れども要するに保護論は各國の特別なる事情を基礎として論議する事多きが故に其論點頗る多岐に亘れり

反之して自由貿易論者の主張は頗る單純にして其根據とする處は各國の產業には特長ありといふにあり即ち交易は互に其長所と短所を交換し比較的容易に彼我の經濟的滿足を達するにあり而して此觀念は全く人類の自利心に基くものにして交易の國內なると國外たるとによりて毫も差異あるなく外國交易の利も亦た容易なる輸入をなすにあり然るに其短所たる產業を發達せしめんが爲めに他國の長所たる生產品の供給を拘束せんとするは交易の利益を顧みざるものにして交易制禁論に外ならざるなり故に保護の結果は獨り內國の消費者を非常に害するものなるのみならず(何となれば保護税は外國品の價格を

騰貴せしめ而して其稅率は之と同種なる內國品の價格を標準とするものなるか故に外國品にして若し騰貴せんか內國の生產品も亦た騰貴すべければなり)又た一國か其短所を發達せしめんとするは一方に於て其特長たる生產の利用力を其丈け減殺するものなり要するに保護は交易の自然の發達を沮害する無用の干涉なりと

保護論に對して古來より行はれたる自由貿易論者の駁論

吾人は今進んで二主義の是非を比較研究せんとするに先ち玆に讀者の參考の爲めに古來より行はれたる論旨に就き假りに自由貿易論の方面よりして其大躰を陳ぶべし然れども現時の經濟思想を以てすれば其議論の採るに足らざるものあるは止むを得ざる處にして此邊は豫め讀者の諒察を希ふ處なり

保護政策は內國の產業を複雜ならしめんが爲めに必要なりといふ事は保護論者の慣用する處の論法なり產業の複雜は固より何人も希望する處なる事は爭ふべからず然れども保護論者の例證する處は頗る極端なる事實にして普通の事實としては假令自由貿易の下にあるも國內の產業は斯く單調なるものにあらず現に保護政策の未だ採用せられざる以前にありて各國が相應に其衣食住

の調和を維持したる事實は何人も首肯する處にして實際上各國の成立には或程度に於て多岐なる産業の存在すべき自然の必要ある事は疑なきなり然るに(一)各國は其産業中必ず比較的長短を有すべし(二)如何に其産業の種類を増加せんとするも到底際限なき吾人の慾望に對して一國の獨力を以て之れを充たす事能はず故に保護論者にして此二點を承認せば交易上の政策としては一國の資本と勞力は其長所に利用し之を以て他國の長所と交換するを以て優れりとなす事に反對する事能はざるべし現に極端なる保護國として知られたる北米合衆國の人民は自づから茶を生産するの愚をなさずして東洋の各製茶國より廉價に之を輸入するを以て得策となせり

給銀の高き國に於ては低廉なる外國勞力者の競爭に對して自國の勞働者を保護せざるべからずとは主として合衆國に行はるゝ處の論鋒にして合衆國は元來歐洲諸國に比して其給銀高きが故に若し自由貿易となれば合衆國の製造業は到底英國と競爭する能はずして米國の勞働者は其作業と給銀を失ふべしと固より作業の或種類に於ては(機械を使用する事を得ざる如きもの)此論法は眞

理たるを失はざるべし然れども一般の製造業に付きては不幸にして之れを適用する事能はざるなり現に英國の賃銀は他の歐洲大陸の賃銀に比して高きにも拘はらず依然たる大工業國として繁榮せり故に賃銀の高低は必ずしも産業の盛衰に原因をなすものにあらずして寧ろ作業者勞働力及び機械の媒助力如何に關するものなり今假りに保護稅を以て國内の作業を維持し高價なる給銀を支拂ひ得るものなりとなすも之れ國内一般の消費者の負擔を以て一部の勞働者を保護するに過ぎざるものにして(國内一般の消費者は輸入稅の爲めに低廉なる外國品を需要する事能はずして高價なる内國品を購求せざるべからず)而かも此慣習は惰力となりて益々給銀の高騰を助勢するものなれば國家經濟上決して好ましき現象にあらざるなり

保護は作業を增加し勞働者を利得すといふの論も亦た前者と共に合衆國に於て行はる處なり然れども之れ亦た前者と同じく國家經濟上何等の得る處なくして單に一部の勞働者を保護するか爲めに一般人民を害するものなり假令ば或外國品の排斥は之と同種なる内國産業者をして作業の機會あらしむるとす

るも之が消費者は保護稅丈の損害を蒙るべし加之ならず勞働者に對するの需要は作業の種類を增加せずとも一國特長の產業を利用するに於て十分に發見する事を得べきか故に此種の保護は害毒となるも國家に寸毫の利益を與ふるものにあらず然るに合衆國の保護論者は常に保護を廢するときは或種類の產業は全く絕滅して勞働者は其職業を失ふべしといへり此論鋒は同論者の慣用する處にして勞働者が之れによりて煽動せらるゝ事は疑なきなり成程現時に於て保護を廢棄するときは合衆國の勞働者は爲めに一大打擊を蒙るに至るべし然れども此論法は急速に保護を廢棄すべからざる事を主張するに有力なるのみにして保護を可なりとするの點に於ては毫も其價値を發見する事能はざるなり

保護論者は又た保護によりて輸入を減少し輸出を增加し國內の勞働力は輸出生產と現に輸入する處の物品の生產に使用すべしと然れども是れ交易の理を解せざるの甚しきものにして吾人が拂ふ事なくして他より何物を購求する事能はざると同じく輸入する事なくして何物をも輸出する事を得ざるなり加之

ならず此希望は偶然に保護が萬國に適用すべからざる事を自證するものなり何となれば萬國が皆な此政策を採用するに於ては一國として輸出する事を得ざればなり要するに此論は鎖國論に外ならざるなり

又た曰く自由交易は或利得を外人に與ふるものにして外國人の利得は其丈け内國人の損失なりと此論は吾人若し内國より物品を購求するときは其利益は必ず内國に歸すべしと雖も外國人より買入るゝ時は外國人は其利得を得るといふ思想に基くものなり然れども其謬見たるや論なし若し自國に於て其需要する處の貨物を比割的に好良且つ廉價に供給する事を得るものなりとせば此論或は行はるべし吾人も亦た故らに外人より購求するの必要毫も存在せざるなり然れども事實にして若し之れに反するものあらんか保護は却つて内國人の損失といはざるべからず何となれば一國の消費者は保護税の爲めに高價の内國品を需要せざるべからざればなり又た交易は一方を利得するのみなりとするは誤謬なり交易は双方に利益を得るの觀念ありて初めて存在する處の現象にして一方に利得を生するが爲めに之によりて他方が損失を蒙るものなり

となす事能はず故に合衆國の人民が少數なる同國茶業者に高價を支拂ふ事なくして東洋の各製茶國より低價に之を需要する事を得るが爲めに合衆國人民の損失なりとは夢にも思惟せざる處なるべし

自由貿易は一國の獨立上之を行ふ事能はず即ち自國の輸出品に對して外國の需要止むときは吾人は我輸入品の代價を支拂ふ事能はずして困難に陷るべし或は戰爭我貿易を遮斷して吾人を困弊せしむる事あらん故に吾人は自づから需要品を生產する事を要すと此論に對しては自由貿易論者も明快なる駁論を加ふる事能はざるが如し唯だ社會の進步は勞力の分業相互に依賴するにあるを以て最も繁榮する處の國民は最も多くの物を需要する處の國民にあり此種の國民が即ち眞正の獨立國民にして單に他日事變を生ずべしといふが如き漠然たる恐怖心よりして平素より高價なる代價を支拂ふが如きは愚妄の策にして偏癖論に基く野蠻的獨立なりといへり

保護論者は又た自由貿易は貨幣を自由に輸出し去り自國を空乏にすべしといへり此論は純然たる貴金主義に基くものにして貨幣は交易の媒介物たる事を

忘却したるものなり元來貨幣の輸出は必すしも恐るへき事にあらざるのみならす幣制其宜しきを得ば決して危險を生する事なし何となれば貨幣流出するときは內國の物價を下落し輸出を奬勵し貨幣從つて流入すればなり唯だ恐るへきは不換紙幣の發行にして其超過は忽ち正貨を驅逐する事明かなり其結果は紙幣の價格を低落し如何に高率の保護税を課するも正貨の流出を防禦する事能はざるなり是れ南北戰爭の際に吾人の實驗する處にして論者の言の如きは自由貿易に對するにあらすして寧ろ貨幣制度に對するの希望といはざるへからす

保護は新進國に於ては生產を起すの機會を與ふる爲めに一時必要なりといふの議論は保護論の最も重味を存する處にして自由貿易論者と雖も往々之れに賛成するものなきにあらず然れども一旦保護に依賴するときは慣習となり後ち之を廢棄するの困難なるは事實上明かにして好ましき事にあらず且つ此論の根據は一國假令或生產を起すの利便を有するも久しく之れと同種の產業に經驗を有する他國と競爭するは非常に困難なりといふに存すと雖も元來內國

に於ける外國品は産地よりの運搬費を要するに反し內國品は其必要なきが故に內國品は此點に自然の保護を有するものなり固より新たなる生產品は其販路を得るに多少の時日を要ずべしと雖も是れ一時の現象にして十分なる注意と勤勉を以て其生產に從事すれば忽ちにして外國品を凌駕するに至るべし論者は又た一時の保護を必要とすと雖も事實上は當初の目的に反して永く之れに依賴するの傾向あり現に合衆國の如きは數十年來保護稅を課したるにも拘はらず現時に於て尙ほ自由貿易主義に反對して之れが廢棄を承認せざるのみならず些少の保護稅輕減にも囂々非難の聲を漏らせり要之るに保護にして若し永久に採用すべき交易政策にあらずとせば當初より之を採用せざるを適當とす

保護稅の存在は議會を腐敗せしめ產業を不確實ならしむるの弊あり抑も議會の制度を認むるの國家にありては立法は總て議會の參與する處なるが故に保護稅も亦た他の諸稅と同じく議會を通過するにあらざれば之を賦課する事能はず是れ固より立法を重んずるの制度たるに外ならずと雖も立法の弊害の存

する處も亦た玆にありといはざるべからず若し議員にして皆な方正廉直眞に國事を憂ふるもののみなりせば敢て疑ふ處なし然れども利己は何人も免るゝ事を得ざるが故に單に利己是れ事とするの議員必ずしもなきを保せず是れ即ち議會を腐敗せしむる最大弱點にして賄賂によりて其意見を屈し立法の神聖を汚辱する事の往々存するは議會史上何人も首肯する處なるべし然るに保護税は常に陳ぶるが如く直接に或生産者に利益を與ふる處の税制なり故に之れに依頼せんとする處の生産者が或る利益を以て議員を誘惑せんと試むる事あるべき事は怪むに足らざる事實にして議員中之れによりて買收せらるる事あるも亦た掩ふべからざる處なり

議會の腐敗は獨り玆に止まらずして尚ほ甚しきものあり即ち保護税の交換により保護を各種の產業に普及せんとするの傾向ある事是れなり假令ば甲の生產地方によりて甲の保護を主張せんが爲めに撰擧せられたる處の議員は乙の生產地方より同樣の目的を以て撰擧せられたる處の議員と互に結託して甲乙(玆に甲乙といふは貨物の種類を稱す)共に保護税の恩澤に浴するにあり此弊害

の結果は顯著にして一國人民は不知不識の間に互に其需要貨物に對して高價を支拂はさるへからさるなり何となれば甲を需要する乙地方の消費者は自個の保護は之を受くる事を得しと雖も外國の廉價なる甲を最早需要する事能はざればなり(乙を需要する甲地方の消費者の蒙る影響も亦た同じ)

立法部若し斯の如く腐敗し易く而して保護稅制斯の如き事情の下に成立する事ありとせば產業は實に不確實にして危險の極といはざるべからず何となれば成立にして既業に斯の如きものありとせば其廢棄も亦た斯の如くにして實行さるべけれはなり故に一旦保護を得るも其永續を保し難く從つて產業を確立するの念慮を絕たしめ否らずんば賄賂愈行はれ而して間々保護稅の廢止の爲めに一大工塲も俄然閉鎖せざるべからざるの運命を見るに至る事あるべし要之するに保護稅は議會を腐敗せしむる一原因にして議會の腐敗は一國生產に甚き害毒を流すものなりといふべし

保護論者は又た土耳古の衰退を以て自由貿易の罪となし合衆國の繁榮を以て單に保護貿易の結果なりといへり然れども一國の盛衰は決して論者の言の如

く斯く單純なる一原因　りて左右さるゝものにあらず土耳古の慘狀は他に惡むべき失政之れが原因をなすと等しく合衆國の繁榮は其廣漠豐富なる地味、政治上の自由其他勞働力の活潑等其原因をなす事多し若し論者の言にして眞ならば保護貿易主義たるヴヰクトリヤ殖民地は自由貿易主義たるニユー、サウス、ウエールス殖民地に比して繁榮すべき筈なるに事實は却つて之に反するものあるは何ぞや加之ならず論者は彼の嘗つて合衆國に於て久しく財政的輸入稅のみを賦課せし時に當り其の進步の駸々乎たりし事毫も保護稅を徵收せる時に異ならざりし事實を如何にして說明すべきや因是觀之れば自然の富力十分にして政治上及產業上其他に於て自由に活動する事を得るの國にありては保護なくも自然に繁榮するに至るべし

保護稅は又た政府に收入を與ふるものなるが故に短見なる政府は之れに依賴する事の久しき名は保護的輸入稅と稱して其實却つて財政的關係に基づくもの又尠なからず蓋し純粹なる保護的輸入稅は收入を目的とせずして稅率により輸入を制禁するか若くば制禁に均しき作用を行ふにありと雖も斯の如くん

ば外國品の輸入殆んど杜絶するが故に政府は何等の收入を得る事なきに至るべし然るに輸入税は他の內國諸税に比して其徴收は甚だ容易にして且つ人民も亦た內國諸税に於けるが如く不平を陳ふる事少きを以て政府の最も好む處の財源なり故に名を保護に求め人民の觀心を利用し其實收入の爲めにする事尠なからず而して此種の保護税は必ず輸入を防止する程の高税にあらざるなり然れども此種の課税も亦國家の實力を害するものにして財政的收入を目的とする輸入税は決して內地の產業に直接の損害を與ふる事なきものなるに反し此種の輸入税は純粹なる保護税が內國一般人民に與ふる影響と同じく唯だ比割的低き程度に於て損失を蒙らしむるものなり換言すれば政府は一國生產上の損害を以て收入を得るものなりといはざるべからず

以上によりて保護貿易論者に對する自由貿易論者の駁論の大意を陳べたり要するに自由交易論者は保護貿易論を以て

一　外國交易の利は貨幣を得るにありといふ誤見

二　保護税の利益は直接且つ顯明なれども其損失は人民全く之を悟らざる

の事實
三　政府が輸入税に因つて收入を得るに容易なる事
四　一旦保護を行ふときは之を廢止する事困難なる事實
五　誤謬短見の愛國心
等の原因に基くものとなすが如し

二主義に對する私見

今迄陳ぶる處によれば自由貿易論は眞理にして保護貿易論は殆ど一顧の價値なきが如し然れども子細に研究すれば自由貿易論の主張は概して極端なる保護論を極端に攻擊したるものにして或眞理を包含すると同時に少なからざる誤謬の點を有せり吾人は今玆に一々反覆詳論する事能はずと雖も要するに二論者の極端に亘る所以は全く理論上絕對的に其可否を決せんとするの希望に基くものにして各國には特殊の事情の存在する事を忘却せるものなり現に其證據として英國の學者は一般に自由貿易を主張し萬國を通じて採用すべき最良の制度なりと公言するにも拘はらず其殖民地中一二を除きては皆な所謂愚策たる保護貿易によりて繁榮しつゝあるにあらずや故に自由貿易主義は英國

自由主義に對する疑問

の如き工業國にして原料は一に之を他國に仰がざるべからざる事情を存する處においては固より其效果を奏せるに相違なしと雖も之を以て直ちに形勢を異にせる他の國家にも適用すべきものとなすは誤謬の見といはざるを得ず又た一の議論として自由貿易論には誤解あり自由貿易論の根據は交易は元來需要と供給の間に長短相補ひ比較的容易に彼我の經濟的滿足を得る所以にして保護制は長所の利用力を徒費するものとなせり此主張は一見甚だ道理あるが如し然れども自由貿易論の主張は常に各國の短所は獨立して竟に他國の長所を凌駕し能はざる事を想像するものなり是れ吾人の服する事を得ざる處なり若し此假定にして正しきものとすれば吾人も固より國家の扶助誘掖は無用の勞力なる事を承認すべし然れども之れに反して他の長所を壓倒するの希望明かにして他日獨立の競爭を市場に試むる事を得べきものなりとせんか若し産業の複雜は一國の福利なる事は自由貿易論と雖も拒否する事能はずとすれば設令一時は多少の損害を一般消費者に蒙らしむるの嫌あるとするも一旦保護を行ふ　却て永遠の策なるが如し故に此點の是非は先づ二國の短所たる産

業が將來果して發達し得べき情態のものなるや否の事實問題に歸するものといはさるべからず

自由論者は又た各國文化の程度が同等なる事を理想とするにあらざれば其主張を維持する事能はざるべし何となれば激甚なる競爭場裡に於て優者と劣者の間に到底公平なる利益の分配を望むべからざればなり然るに不幸にして各國は其進歩の程度に於て同一なる能はず而して國際間の競爭は古往今來抵止する處なく機に乘じ變に應じて他國を駕馭せずんば止まざるなり然るに國家の勢力は內虛ふして之を發揮する事能はず換言すれば國民の經濟的繁榮を得ずして何事をもなすを得ざるなり然りと雖も一國の經濟的繁榮は一朝にして之を求むる事能はず宜しく積年の素養を待つて初めて之を達する事を得べきなり

後進國若くば貧弱國も亦た國際競爭の渦外に立つ能はずして弱肉强食は競爭上必然の結果なりとせば其產業を自然競爭の儘に放任して適當なるべきや否や抑も先進の發達したる邦國にありては文物諸般の設備整頓し生產的經驗を

概言すれば保護は後進國に必要あり

積み精巧なる技術と交通の要具を有し且つ信用發達して資本に富み金利も亦た從つて低廉なるが故に總ての點に於て優勝の地にあるや明かにして之に對して後進劣等の國家が經濟的戰場に勝を制する事は容易に能はざる處なり論者或は曰く此種の國家も亦た必ず産業上に一の長所を有すべしと然れども其長所は却つて往々强國の利用する處となり利得を壟斷さるゝ事なきを保せざるのみならず一朝國際競爭破烈する事あらんか恐らくば其幼稚なる産業に依賴して安全に國民生計上必須の貨物を供給する事能はざるべし(强國と雖も此例あり彼の那翁の對英策の爲めに英國が穀物の供給を杜絕され大に困窮したるが如し)故に幼稚なる國家にありては適當なる政府の干涉は必要にして保護税の賦課の如きは産業發達上の一好手段なり

然れども一國の産業には外國の決して企及する事能はざる特質を有するものあり此等の長所を有する內國品の生産は外國の同一物品に對する課税によりて保護せらるゝの必要なきなり例之ば合衆國に於ける穀物の輸入税は昔時には必要なりしならんも現時に於ては全く無用のものたり何となれば何國も穀

物を以て合衆國の内地に競爭を試みんとするものあらざればなり又た之れに反して自國に於て全く生産する事を得ざる外國品に課税するも決して保護にあらざるなり要之するに保護は内國の或生産を發達せしむるの目的を有するものたらざるべからず

保護に伴ふ弊害

或程度に於ける保護は塲合によりて必要なり然れども純粋なる保護貿易主義といふは輸入の禁制なり是れ往々極端なる保護論者の主張したる處にして固より彼の誤謬なる貴金主義の結果か否らざれば外國貿易の否認論に過ぎず故に現時は何人も之を承認するものなしと雖も尚ほ禁制に等しき高率の輸入税を是認する事なきにあらず然れども此種の課税は特に或目的の爲めに一時の政策として賦課せらるゝを普通とし交易上の主義として行はるゝ事少なし何となれば交易上の主義としては甚だ危險の處置なればなり盖し此種の課税は貿易の禁制と殆んと其結果を同ふするものにして他國の報復的課税を招き其弊たるや自國に發達し得べき或産業の利益を獲得するの希望を絶たしめ且つ外國交易による競爭上の刺激を失して自づから國家の發達を沮害する事少な

からず此故に保護税々率の高低は最も適當に之を決定すべく必ず一面には保護を以て競爭を持續するを得せしむると同時に他面には國際競爭の刺激を失はざらしむる事を勉めざるべからず例之ば一反の織物にして甲國には之を二圓に製造し乙國は二圓二十錢を要すとせば乙國は甲國の織物に對して二十錢の輸入税を賦課するときは兩國織物の價格は玆に平衡を得乙國人民は兩者各好む處によりて其需要を充たす事を得べしされば乙國の機業者は營意以て甲國品を壓倒せんと欲し從て乙國機業の發達を來すべきなり

保護政策の實行は又た一の産業を保護せんが爲めに他の産業を害すべからず即ち或一の生産が要する處の外國原料は保護税の爲めに高價を支拂はざれば之を得る事能はさるが如きは當を得たるものにあらず例之ば佛國若し綿糸の輸入に課税するときは其北部地方に於ける紡績業者を利すべしと雖もリオンの機業の爲めには大損害といはざるを得ず斯の如きの保護税は一方の損失を以て他方に利得を與ふるものにして國家經濟上寸毫の益なきのみならず反つて産業の組織を動搖せしむるの嫌あり是れ最も賦課の當初に警戒すべき處な

り(帝國に於ても此種の課税あり即ち淸國産生糸の輸入税にして其初は我重要輸出品たる生糸の生産を保護するの目的に出でしと雖も近來絹布就中羽二重の輸出盛んとなり將來益々好望なるに從ひ淸國産の粗糸を以て我國人の需要に充て內地の精糸は主として輸出羽二重の爲めに供給するの可なる事を唱導する者夥たしく現に京都商業會議所の如きは淸國生糸輸入税の存在を以て此政策に障害を加ふるものとなし之が廢止意見を發表せしが政府に於ても亦た其意ありといふ)

保護税は又た一國の或産業を保護せんとするものなれど其結果反つて第三國の同種の産業を奬勵し之れが爲めに其利益を壟斷せらるゝ事あり例ひば佛國は千八百九十年リオン地方の絹織物業者を保護せんが爲めにスヰーデン等の絹に對して從前の輸入税に殆んど二倍の高税を課せしか其結果は倫敦の機業を奬勵し現に佛國の斯業を衰退せしめ又た本年の重税も獨逸の機業を隆盛ならしめ將來佛國の機業は獨逸の爲めに壓倒せらるゝの傾向を示せるが如し故に保護税は必ずしも善良なる經濟政策として固執すべきものにあらざれは其

影響如何を察して適當に取捨するの斷なくんば能はざるなり
尙ほ保護稅は一度之を始むるときは一般に他の產業にも普及せんとするの傾向ある事は自由論者の攻擊するが如く人情の弱點に伴ふ自然の弊にして之と同時に慣習性の惰力を生じ產業者の依賴心を惹起し容易に廢除する事を得ざる事は保護國の實例上屢々目擊する處の害毒なり現に合衆國の保護稅は其表面の理由は姑く措き其實際は全く此邊の事情大に關係するものありといふ(合衆國保護論の主なる理由は合衆國は歐洲に比して其給銀高きが故に自由交易となれば英國其他の製造品は合衆國の市場を壓倒すべしといふにあり然れども其眞正の理由は若し之を廢するときは社會に非常の變動を與え秩序を攪亂する事尠なからざるを恐るゝものゝ如し要するに合衆國の保護稅は現社會の調和を維持する爲めに廢止するを得ざるなり)是亦た前者と共に爲政者の注意を要する處なり
以上によりて吾人は自由保護兩交易論の大躰を陳べ保護貿易策は概して後進國に必要なるも各種の弊害を釀生し易きが故に是れが採用は最も注意すべき

きものなる事を論じたり從而新進國と雖も其形勢によりて其取捨を決せざるべからざるは言を俟たず

獨逸帝國に於ける現時商工業の發達隆盛は全くビスマークの保護政策の結果なりと稱するもの多しと雖も寧ろ之れが取捨の時期に適したる結果なりといふべし抑も獨逸は英國に倣ひ自由貿易政策を行へ來りしが普佛戰爭により二十億フランの償金を收むるや恰も我日清戰爭後と等しく各種の産業盛に起り其極過度の生産となり物價下落して恐慌を來せり然るに一千八百七十六年米國フィラデルフィアに萬國博覽會を開らくや當時獨逸は其豫想に反して劣等の成績を得しに加へて米國の農業は非常の進歩をなし獨逸農産物を壓倒せんとするの傾向ありしかば内地産業の發達及び物價下落の防禦の爲め豫て議會の協贊を經るを要せざる確實なる財源を得んとの希望を抱けるビスマークをして遂に斷然自由貿易を捨てゝ保護政策を採用せしむるに至れり其結果は識者の間固より見解を異にするものありと雖も要するに獨人の個人的元氣の旺盛なると學術的進歩の普及せると相俟つて爾來商工業の上に一生面を開き世界

に雄飛するに至れり然るにビスマークの保護政策は往々極端に亘りし事少なからざりしかば各國之れに對して復讎的課税をなし若くば爲さんとするの傾向を示せしを以て今や内國生産品を廣く外國に販賣すべき運命を有する獨逸の爲めには打撃を蒙るの恐ありされば一千八百七十八年の保護政策も遂にビ公の退隱と共に漸次廢棄の針路に歸向しつゝあり而して其廢棄は更に獨逸の商工業に利益を與ふる事鮮少にあらずといふ

現時萬國が保護的輸入税を是認しつゝある所以は各國の特別の事情に基くものにして茲に一々之れを研究するの必要なしと雖も必ず一言を要すべきは保護税賦課の實際には大に財政的の關係を有する事なり即ち輸入税は租税の徴收上よりしては嘗つても陳べしか如く内國諸税よりは容易にして殊に其屈伸力を有する事は財政上最も欲する處なり(租税の屈伸力とは毎年の收入額一定せずして國家の富力發達するに從ひ増加變動するをいふ此種の租税は財政上最も良好のものにして即ち税率税目を増す事なくして自然に國富に随伴し國庫の收入を増加する事を得何國と雖も經費漸次増加の一方に傾き減少する事

輸入税徵收上の二大原則

なきは爭ふべからざる事實なるにも拘はらず經費の增加と共に新たに租税を課し若くば增徵するは人民の一般に好まざる處にして又た不得策なる事多し例ひば帝國の地租の如きは地價の增加と共に税額を增加するを得ざるの税制にして本年增徵の爲めに議論今に至りて尙ほ止まざるなり若し斯税にして英國の如く屈伸力を有せしならば不知不識の間に國庫の收入を增加する事を得たるべし要するに國家は屈伸力ある租税を撰擇するを以て得策とす)是れ各國が國庫の關係上保護税を廢し難き事情の存する處なり

輸入税は財政的のものは勿論保護的のものも亦國家收入上必要なる事上來陳ぶる處の如し而して今收入の點より之れを觀察するときは英國の輸入税は其徵收高年々一億萬弗以上に達し經常收入の二割强を占め(自由貿易は毎に陳ぶるが如く無税を意味するものにあらず國庫收入上の目的を以て賦課するは毫も自由政策に牴觸するものにあらざるなり)米國も亦た二割に達し獨佛二國は一割五分前後にあり以て輸入税が國庫にとりては豊富なる財源なる事知るべし唯だ玆に注意すべきは收入を得るの念盛んにして爲めに税目税率の撰擇を

失する事あるべからざるの一事なり税率にして若し餘りに高きに失する時は却つて輸入を杜絶し國庫は爲めに收入を得ざるに至るべく之と同時に税目は其撰擇を愼重にせざるときは內地の產業に尠なからざる障害となるべし(税率の高低も亦た大に此點に關係あり)而して之等の點に關しては輸入税は廣義に於ける消費税の一種なるが故に消費税に關する一般の原則は直ちに採つて適用する事を得べし消費税の原則とは

一　財政上の原則　奢侈品に重くして必要品に輕き事

二　經濟上の原則　一國生產の原料若くは補助品には輕くして精製品に重くすべき事

故に財政上の原則よりすれば酒類珈琲等の贅澤品に重くして穀物肉類等の必要品に輕くせざるべからず若し之に反して必要品に重くして奢侈品に輕き事あらんか是れ上等社會を利して下等社會に酷なるものにして租税の公平を保つ所以にあらざるなり加之ならず經濟政策上よりしても亦必要品に重課すべからざる明瞭なる理由存するものといふべし(奢侈品と必要品とは本來程度の

問題にして一方に奢侈品たるも他方に必要品なる事あり其標準を決する事難し然れども大凡國民生計の程度を察して之れを決するの外なきなり）

經濟政策上よりして保護稅を徵收するに付きては必ずしも凡百の輸入品に課稅すべしといふにあらず各國の事情により各種の輸入品中保護を要するものと否らざるものを區別し然る後ち保護の程度を定め其影響する處の如何なるべきやを研究して之を徵收すべきものなる事は勿論なりと雖も概言すれば一國の生產の爲めには原料品なるか若くば補助品たるものには輕くして精製品には重くする事を要す

近頃世上に傳ふる處によれば帝國關稅定率法附屬稅率表中に付き改正を政府に求むべきもの尠なからずといふ今一々其諸點に付きて陳述する事能はざれども其理由は稅率表の示す處は帝國產業上の原料品若くは粗製品たる物多し從て將來工業國たるべき帝國の發達を沮害する事少ならすといふにあり而して一方に於て政府も亦た此點に注目する處あり改正の內議ありといふ

尙ほ本節を終るに臨み一言すべきは財政的輸入税と保護的輸入税の限界なり其限界は理論上よりしては明かに之を認むる事を得べしと雖も實際上よりしては之を知る事容易にあらず唯だ賦課當時の意思によりて之を區別するの外なきなり然れども實行中往々にして混同し却つて反對の結果を來す事稀れなりとせず例へば合衆國に於て曾つて外國生糸に課税せしときは未だ其內地に之を生產せざりしを以て明かに財政的收入の爲めに存せしものなりしと雖も其結果外國生糸の直段を騰貴し內地に生糸生產の機會を得せしめ後ち反つて保護税たるに至りしか如し

第三節　關税の賦課

前節に於て吾人は輸入税の原則を陳述せるか故に本節に於ては其賦課方法に付きて研究すべし

一從量税法と從價税法　從量税法とは輸入品の重量によりて標準を定むるものにして例之ば石油一箱(重量何程)に付きて若干といふが如し然しなから此方

從量稅法と從價稅法

法と雖も單純に重量にのみ標準を求むる事少なく重量によると同時に其品位を類別して等差を設け等差每に稅率を異にするを普通とす蓋し品位によりて等級を設けざるときは消費者にとりては不公平の結果を來し實際上下層の消費者は比較的不利益の負擔をなすべければなり從價稅法は物品の價格を基礎として立つ者にして例ば綿(價格何程)には何割紙には何歩といふが如し而して其標準價格には物品の原價を本となすものと賣買時價を本とするものとの二法あり然しながら前者は稀れに存する處にして後者の標準に由るを普通とす

二方法の利害

從價稅法によれば前陳の如く消費者は貧富の度に應じて其負擔をなすが故に單に此點のみよりして見るときは從價稅法は遙かに前者に優るに似たり然るに歐洲諸國の大勢を觀るに英國は千八百六十年佛は千八百八十一年獨は千八百六十九年(千八百六十五年の改正にては鐵道運搬物のみを例外として存せり)墺は千八百八十二年以降全く從量稅を採用する事となし現に從價稅法によるものは白和及米の三國を存するのみ故に從量稅は從價稅に比して他に優勝の點を存せざるべからざる事明なり而して吾人の見る處を以てすれば實際上に

於ける徵稅上の難易が主として此問題を決するが如し
從價稅法によるときは先づ公平なる評價をなさゞるべからず然しながら是れ實に容易の業にあらず從つて往々甚しき誤謬を生じ不正なる商人をして詭騙をなすの機會を得せしむるの弊ありこれを避けんが爲めには當局者は非常の注意を以て精密に外國貨物の相場に注目せざるべからざる事となり實際上其煩に堪えざるなり加之のみならず評價は其內容に生產費、運搬費等諸般の元素を有するが故にこれ等の計算上各地の稅關に於て均一を缺き輸入者は負擔の輕るき處を經由して輸入するの弊を生じ從つて國家の收入に影響する處少なからざるなり反之して從量稅法にありては毫も此の弊害あるをみず尙ほ從價稅法の弊は玆に止まらず稅關官吏と輸入商の結託して密輸入同樣の大危險を犯す事の少なからざるは稅制上默過すべからざる大患といはざるを得ず蓋し評價は衡量と異なり一定の法規ありとするも固と官吏の裁量に存する事多きを以て慾情に强よき官吏が時として其方正廉直なるべき義務に違反する事あるは爭ふべからざる處にして亞米利加稅關等には往々目擊する處の通弊なり然るに此等の弊害を除去せんか爲めには熟錬なる鑑定人を置き商業に通曉せる官吏を任じ且つ嚴密なる監督をなす等の必要を生じ從つて徵稅費を增加するや明かなり米國稅關官吏が比較的高給を受くる所以のもの必ずしも此點にのみに因るにあらずと雖も亦た以て之れを證するの一材料となすべし

之れに反して從量稅法は以上の弊害なきが故に之れを實行するに於て大に利益あり然れども從量稅法も亦た弊なき能はず即ち徵稅上最も嫌ふべき負擔の不平均は此方法に伴ふ缺點の大なるものなり何となれば物品の重量は概して粗惡品に重くして精良品に輕く而して前者は貧者によりて消費せられ後者は富者によりて需要せらるゝを以てなり然しながら此弊害は必ずしも除去すべからざるものにあらず即ち品位の分類をなして之れに等差を設くる事是なり換言すれば重量に品位の等差を加味して幾分か之れを匡正する事を得べし

要之するに從價稅法は理論よりすれば所得稅と同じく缺點少しと雖も實行上よりすれば到底從量稅法に若かざるなり是れ從價稅法先づ起りて後に從量稅法の爲めに其不完全を補はれたる所以なり

帝國輸入税の賦課方法

關税定率法及輸入品税目表によるときは帝國にては明かに此の二方法を併用せり即ち第一種有税品は四百九十七種の多きに達し最低五分より最高四割(價格の)の税率を課せり其課税價格は其仕入地若しくは製造地の原價に荷造料運賃保險料其他輸入港到着間の諸費用を加へて算定するものなりとす然しながら若し從量税法に據るを以て便宜とする物品に付きては勅令を以て之れを定むる事を規定し而して勅令は二百三十一種の從量税目を列擧せり其算出法は前陳輸入課税價格の算法に依り六箇月以上の平均價格を算出し税表の示す處の割合によりて標準數量に對する税額を定めたるものにして若し從量税目中に品目を存せざるものは從價税目表により徴税せらるゝものとす然るに又場合によりては同一物品にして税表中何れの税率によりて徴收すべきやの疑問を生ずることあり故に關税定率法は其第四條に於て附屬税表中二箇以上の税率を適用し得べき物品に對しては其最高の率に從つて課税すべき旨を規定せり

二　獨定税率と協定税率及普通税率と特殊税率　　獨定税率とは一國が其本來の

獨定稅率ミ協定稅率

權利によりて任意に其稅率を定め毫も他國の關係によりて拘束せられざるの制なり協定稅率は反之して特に通商條約によりて之を定め國家は條約改正の途によらずして隨意に變更する事能はさる者をいふ抑も協定稅率は交易によりて對等に双方の利益を有する當事國の間にあらざれば到底完全に行ふ事能はず元來條約の對等とは略ぼ同一程度の當事國にありて始て生ずる事を得べき現象にして經濟的情況の懸隔せる者の間にありては稅率協定の條約は弱國の不利なる事多し故に一國の政策よりすれば新進國にては保護政策の適當なるが如く獨定稅率によりて其の利益を十分に保護するを以て良策となすが如し然しながら實際上に於ては不完全なる協定稅率の行はるるを普通とす是新進國が其國權を十分に活動せしむる力を有せざるの不得止結果に外ならず現時文明第一流の利國にして獨定稅率の方法を採るものは米露の二國にして帝國の如きは拆衷の法を採れり即ち關稅定率法に規定するものは獨定稅率なりと雖も各國の條約に明記するものは協定稅率にして國定稅率は常に協定稅率の適用に讓らざるべからず

普通税率と特種税率

普通税率とは一國が輸入税率を定むるに際し通商各國に對して普ねく通用すべき處の割合を設け彼是區別せざるをいふ特殊税率とは反之して通商各國に對して個々別々に税率を制定する事を云ふ而して概言すれば國定税率の國には普通税率を採る事多く協定税率の塲合には特種税率によるを普通とす帝國の新條約によれば協定にして特種なる税目の數は百有五にして獨、英、佛及び墺の四國間に之れを存せり就中獨國最多く其種目實に八十五品次ぎは英國にして其種目七十三品佛國之れに次ぎて其種目二十六品墺國は最も少數にして僅かに八品なり其税率は關税定率法に比すれば固より低卑にして最高一割五分より最下五分の間にあり唯だ一の例外は墺國より輸入する馬にして之れに對しては無税なりとす(一割五分は僅かに二品にして普通一割なり)條約に據る處の協定税目及ひ税率は元より各國の物産に對する特殊のものなりと雖も税目中數國に通ずるもの少なからず又た數國に通ずるも必ずしも其税率を同ふするものにあらず例へば絹綿繻子に對しては佛、獨、英の三國に共通して協定するも佛獨二國の生産に係るものに對しては一割を徵し英の産品に

は一割五分を課するか如し

斯く特殊協定の課稅をなすと雖も茲に一言すべきは條約中に規定する處の所謂最惠國條欵にして此條欵を有する當事國は總て他の協定稅率の利益に浴するが故に事實上此種の國家に對しては普通に適用せらるゝ事となるべし

第四節　關稅の徵收

原則

關稅は國法によりて初めて徵收するを得(條約には之れに服從すべき事を命ずる國家の法規ありて臣民に服從義務を生ず)然しながら法規は變更せらるゝ事を免かれず故に關稅を納付するに先だちて法規の變更あるときは新舊の二法何れに準據すべきやの疑を生ずへし例之ば或貨物が舊法によれば從價一割の課稅なりしに新法にて一割二分に改正せられたる時は關稅未納の當該貨物は何れの稅率によりて徵收せらるべきか換言すれは納稅の標準を決定するの法規は何れに存するや此問題は將來必ず發生すべき處にして法は豫め之れを決定し置くの必要あり故に關稅法に於ては明かに此場合を規定し輸入申告の日

關稅の賦課を決定する處の法規に關する規定

例外

(一)保稅倉庫の入庫貨物に關する場合

に於て行はるゝ法規に從ふべき事を命ぜり蓋し申告は輸入の意思表示にして當事者は此時の法規に從ひ納稅するの意思を有せしものなりと推測するは穩當の事なりといはざるを得ず然しながら是れ原則にして保稅倉庫に庫入したるもの(一)及び收容貨物に關しては例外を認めたり

庫入貨物(保稅倉庫)は保稅倉庫法によるときは庫入の間は輸入したるものと見做さゞるなり故に此種の貨物も亦た輸入申告の日に於て行はるゝ處の法規によりて納稅すべきものとするを適當となすが如し(輸入申告は庫出引取の際になすものなり)然れども庫入貨物を輸入貨物と見做さゞるは貨物の性質上別に深き理由あるにあらずして保稅倉庫の性質上便宜に斯く認むるに過ぎざるものなるが故に若し輸入申告の日に行はるゝ處の法規によりて納稅すべきものとするときは等しく輸入の意思を以て同時に陸揚したる貨物なるに拘はらず直ちに輸入したるものと庫入したるものとに對して適用する處の法規を異にし便宜上の制度は反つて稅制上不公平の結果を來すものといはざるべからず且つ輸入者の意思も亦た他日法規の變更せらるべきを豫想して庫入するもの

なりとは保税倉庫の性質上到底推測するを得ず必ずや庫入當時の法規によりて納税するの意思を有せしものなりとせざるを得ず加之ならず尙ほ一の弊は輸入申告當時の法規によるべきものとするときは新法の負擔如何により庫出引取に影響を及ぼし税關の取扱上尠からざる不便を感ずる場合あるべし故に例外として庫入申告當時の法規に由るへきものとするは穩當にして且つ便利とする處なり

(二)收容貨物にして公賣に付せらるゝ物に關する場合

收容貨物にして公賣に附せらるゝ物にありては更に原則若くは前例を適用する事能はず何となれば(收容貨物と雖も法規によりて輸入若くは庫入する事を得る場合にありては輸入若くは庫入申告をなすへしと雖も)公賣せらるゝものは申告する事なければなり故に公賣當時の法規に由るの外なきなり

關税納付者

關税は輸入者の負擔なり而して普通の場合にありては輸入者即ち申告者なるが故に原則として輸入申告者より徵收す然るに關税の逋脱を圖り又たは逋脱を遂げたる場合にありては犯則者より徵收するの例外を設けたり是れ啻に事理上よりのみならず制裁上より亦た然らざるを得ざる處なり

関税の徴收に関する各種の手續

輸入申告者が關稅の納付に際し特別協定の便益を受けんとするときは其貨物が郵便物及び課稅價格百圓を超へざる物の外なる時は特別協定の適用を受くべき地域内の產出品又たは製造品なることを證明せざるべからず而して其證明は當該貨物の產出地製造地若くは積出地の帝國領事館若しくば貿易事務官、帝國領事官及貿易事務官なきときは其地の稅關其他の官廳、公署又は商業會議所の證明したる製產原地證明を以てせざるべからず而して此證明書には貨物の記號番號品名、箇數、數量及產出又たは製造の地域を記載するものにして關稅の納付者は總て稅關より告知せる納付金額及び納付金庫を指定せる文書を受け之れに稅金を添へ指定の金庫に上納するものなりとす尤も稅關は金庫に納稅せしむる場合の外は納稅告知書を發する事なし又た例外として旅客の携帶品又は關稅法第二十四條但書に記載せる貨物等に關して檢查官吏に於て直ちに徵稅する場合あり此場合には檢查官吏は他の官公吏の立會を受け其證明を得て稅關に報告すべきものとす

郵便物件にして課稅すべきものあるときは普通の貨物に反して特別の取扱を

なさゞるべからず是れ郵便物の特別なる性質よりする當然の結果なり若し郵便物も關税を納付するにあらざれば必ず通關するを得ずとせんか交通政策上默過すべからざる事にして又た實際上に行ふ事を得ざるものといはざるべかず故に法は特種の規定を設け郵便局に於て之れを徴收する事となせり即ち郵便物にして課税物件なるときは税關は其税金額を郵便局へ通知し郵便局は其物件交付前に税金額を名宛人に通知するものとす通知を受けたる受取人は税金の代りに印紙を其通知書に貼用し郵便局に提出して其物件を受領し郵便局は此の書類を當該税關に送付し以て徴税行爲を了す

減税の事

輸入貨物にして損傷したるが爲めに事實減量若くば其の價格を低落したるときは輸入者をして減税を請はしむるも毫も弊害なきものなり然れども爲めに詐欺の行爲をなさしめ又は税關に非常に煩勞を及ぼす事あるべからざるを以て一の制限を設け減税請求時期を輸入免許前に限る事となせり即ち免許前に於て損傷貨物の記號、番號、品目數量、原價、諸費及請求の要領を記載したる文書を提出して請求をなすときは税關は相當の減税をなす事を得

関税の徴收權及過誤納に對する請求權と時效

關稅の徵收權及ひ關稅の過誤納によりて生ずる請求權は之れを任意に行使せざるときは權利を永く不確定の地位に置くものにして又た怠慢なる權利者を保護するの必要なし故に此點に於ては私法と同じく時效の制度によりて義務者を保護せざるべからず但し逋脫の犯則者は毫も之れを保護するの必要なきが故に其納稅義務につきて全く時效の利益を受けしむの理由なきものとして除外せられたり時效の期間は徵收權は貨物輸入の日より起算し過誤納によりて生ずる請求權は關稅納付の日より起算して共に滿二ヶ年を以て完成す尤も前者は納稅告知により後者は仕拂請求によりて各時效を中斷するものとす

第五節　關稅の擔保及假納

關稅の擔保と假納とは共に脫稅の危險を防止するの目的に出でたる手段にして帝國稅關法、關稅定率法及ひ保稅倉庫法の明かに示す處なり二者の區別は其文字の示す如くにして其意義の互に異る結果として擔保は稅金相當の金錢又たは其他の有價物たる事を得べく假納は必ず金錢ならざるべからず從つて後

税關の擔保及其種類

日徵税權を執行するの方法を異にせり今少しく二者の存する場合及び其效果につきて論述すべし

關税の擔保には質的擔保と留置的擔保の二あり前者は特に金錢又たは有價物を差入れて保證となすものにして後者は輸入貨物其物を以て擔保に充つるものとす前者は關税法第一條二項、三十四條及關税定率法第六條の規定する處にして後者は關税法第五條に規定せり

質的擔保の各場合

通過品は決して課税せらるゝ事なし是れ關税法及び條約の明規する處なり然しながら狡猾なる商人をして名を通過品に藉り密輸入を行ふ事を得るの餘地あらしむべからざるが故に税關法は通過品にして一旦輸入せらるゝ場合には輸入者をして税金相當の金錢若しくは有價物を提供せしむべき事を命ぜり輸入貨物は輸入税を納付し(納付すべき物なるときは)輸入免許を受けたる後ちにあらざれば引取る事を得ざるを本則とす然しながら場合によりては當該官吏の認許を受け税金の擔保として金錢を提供せしめ之れを引取らしむるは毫も弊害なき處にして税關法の明かに認むる處なり然しながら此場合は元と輸

入者に對する特典にして通過品の如き無稅品に對する場合とは大に其趣を異にするが故に他日擔保を以て稅金に代ふるに當り手數を要するものなるべからず從つて此場合に於ける擔保品は必ず金錢を以て提供すべく決して他の有價物なるべからざるなり

郵便物は國家の營造物の外之れを取扱ふ事なく又た納付すべき關稅は郵便局に於て郵便物の交付と引換に徵收するものなるが故に其の通過すべき場合と內地に於て配達せらるべき場合とを問はず前二段の適用を受けざるものにして關稅法第四十五條に除外する處なり

又た關稅定率法第六條第二項に列擧する一時の輸入品(後出)は輸入稅を賦課せざるものなりと雖も滿六ケ月內に再ひ輸出する事を條件とするものなるを以て若し此條件を充たさゞるに於ては徵稅するの必要あり故に輸入の際稅金相當の擔保を差入れて保證をなさしむ尤も此場合には必ずしも擔保を差入るゝに限らず時としては相當の金額を預入れしむる事を得然しながら是れ其名義を異にするのみにして其實は亦た擔保の一變躰なり

擔保は金錢若しくは有價物なるべき事は已に陳べたるが如し然しながら以上の場合に於て有價物を提供する時は必ず有價證券ならざるべからず而して若し其價格下落するときは增擔保を提供せしむる事を得然るに稅關は自づから其擔保品を保管するものにあらず擔保提供者をして之れを供託せしめ供託受領證によりて之れを占有す

擔保の公賣處分

關稅を納付せざるときは擔保を以て之に充つるは當然の事なり然りと雖も金錢以外の物にありては直ちに其目的を達する事を得ざるが故に公賣方法によるものなりとす公賣方法は之れを公告し最初公告の日より少なくも三日を經過したる後にあらざれば競賣するを得ず而して公告には擔保提供者の住所又は居所氏名證券の種類金額競賣の場處及時其他の必要事項を記載せざる可からず若し公賣決行前に關稅及費用を完納するときは公賣を中止し否らさるときは公賣代價中より關稅及び公賣の費用を控除し殘金あるときは之れを擔保提供者に還附し若しくは供託する事を得

留置的擔保

留置的擔保と吾人が假稱せしものは關稅法第五條の規定する處にして關稅未

納の貨物は之れを以て直ちに其關稅の擔保となすものなり然しながら單に擔保たるのみなるに止まりては未だ關稅徵收權を確保する所にあらざるのみならず關稅未納なるにも拘はらず內國品と等しく他の公課又たは債權の執行の目的物たるを得せしむるは關稅を輕視するの嫌あり故に條理よりするも亦た手段よりするも關稅は他の公課若しくは債權に優先せしめざるべからず是れ關稅法第五條第二項に於て特に確保する所以なりとす

關稅の假納は亦た一の保證手段なり而して古來主として行はれたるの方法とす昔時內地の生產を容易ならしめ其輸出を奬勵せんが爲めに再輸出を條件として其原料の輸入稅を免ぜし事ありしが若し再輸出をなさゞるに於ては其趣意全く瓦解すべきを以て其の弊を防止し再輸出の實效あらしめんが爲めに原料輸入の際假りに稅金を徵收し他日輸出の時に至りて之れを還付するの手段を採れり然しながら輸入原料は其形を變じて輸出さるゝ者なるか故に其目的を十分に達せんには監督調查を嚴にせざるべからず是れ現時の如く分業盛んに行はれ生產組織の複雜となれるに及ひては到底實行すへからさるの事なる

のみならす設令實行し得るとするも非常の費用を要すへし且つ精製の後ち輸出せらるゝと內地に於て消費せらるゝとを問はず一國生產に必要なる原料は可成容易に輸入せしむるを可とするの原則より見れば此手段の存在する間は內地の消費者は徵稅の負擔を免るゝ事を得ざるものにして策を得たるものにあらず從つて此制度の如きは現時其例を見ざるなり

密交易を防止するの目的に出ずるものは各國法に尙ほ之れを存す伊國の如きは輸出稅を現存し從つて輸出稅の假納なるものあり帝國に於ても曾つて稅關規則第二十六條に於て近頃迄此場合を存せり即ち內國有稅品を開港間若しくば不開港に向け回漕せんとするときは外國に輸送するものにあらざる事を保證せしめんが爲めに輸出稅を假納せしめたり然しながら輸出稅の全廢と共に今や廢棄せられたり

輸入稅の假納に關しては保稅倉庫法に一條を存せり曰く

　輸入手續未濟の貨物を運搬するときは當該官廳は貨主をして其貨物に對する輸入稅金を假納せしむる事を得

前項の貨物陸揚申告の日より滿一箇年を過ぎて仕向港に到着せざるときは其輸入税を徵收す

之れ明かに密輸入を防止するの目的に出ずるものにして法定期間を經過して尙ほ仕向港に入港せざるときは他港を經由して輸入したるものと見做すなり

第五章 噸税

噸税は交通税の一なり

噸税法は本年法律第八十八號を以て公布せられたる一種の交通税にして外國交易の爲めに開港に出入する船舶に對して入港毎に徵收する處のものたり抑も交通税は直接に交通業者の負擔を增加し間接に一般商業に影響を及すを以て本税の存在は帝國の如き島國に最も必要なる海運業の將來に關係する處尠なからずと批難せし者あれども吾人は深く論ずるの價値なきを信ず

交通税は原則として惡税たる事は何人も異論なし然しながら船舶は港灣の改良及び浮標燈臺の設置其他諸般の設備の爲めに特別なる利益を享有するものなるが故に之等の修理等の爲めに相當の犧牲をなすは又た當然の事といはざ

るべからず果して然らば噸稅にして若し一般收入を得るを目的とせずして船舶が特別に享有する利益の對價たるに止まらしめば敢て必ずしも不可なるにあらず從て其頁否は賦課の目的及程度によりて之れを決するの外なきなり
噸稅は帝國に於ては新稅たり故に船舶は特に其丈け負擔を加重せるが如し然しながら其實際を見れば激變を蒙れるものにあらず即ち從來の關稅法に於て船舶は其出入に際して各種の手數料を徵收せられしと雖も新關稅法に於ては之れを删除せしが故に噸稅は右の各種手數料が變形して稍や其納付額を高めたるに過ぎさるなり(後出)

噸稅の賦課せらるゝ場合

噸稅の賦課せらるべき船舶及び其場合は
一外國交易の爲めに外國に來往する船舶ならざるべからず
二開港に入港したる時ならざるべからず故に已むを得ざる事情の爲めに不開港に入港したるときは徵收する事なし
三當初より入港の目的を有せるものならざるべからず故に海難其他止むを得ざる事故にありて入港するものは賦課せらるゝ事なし但し以上の事故

に由らずして貨物の積卸をなす時は設令當初其目的を有せざりしものと雖も之れと同視すべきものなりとす

噸税と關税の關係

噸税と關税とは共に外國交易上に關する處の公課なりと雖性質上二者の間に何等の關係を有するものにあらず然しながら噸税も亦た國境に於ける一定の場處に於て徴收するを要するのみならず外國貿易に關する處の船舶は税關の取締る處なるを以て便宜上税關の徴收權の下に屬せしむるものなり從つて關税の場合と同じく内國税の徴收法を適用せざるものにして特別の處分を受く即ち犯則事件の調査及處分に付きては税關法及び其施行規則(後ちに陳ぶ)を適用すべき事は噸税法の明かに規定する處なり然れども茲に一の相違は納税通告を履行すべき法定期間にして此場合にありては關税の場合に反し其通告を受けたるときより四十八時間以内とす

税率

税率は登簿噸數一噸又たは積量十石に付き五錢の割合にして帝國と測度法を異にする外國船舶の登簿噸數は帝國の測度法によりて換算す(税關長に於て必要と認むるときは船舶の測度をなす事を得るものなり)噸税々率は當初政府の

徵收

議案にては十錢の割合なりしが日本海運同盟會にて反對運動をなせし爲め半減せられたり今之れを舊稅關法によりて船舶が出入港手數料として二十二圓を徵收せられたるに比するときは千噸に付き五十圓の割合は事實上に於ては甚しき激增に非らざるが如し尙ほ噸稅は必ずしも入港每に納付ずべき者たるに限らず都合によりては稅關又は支署に屆出の上登簿噸數一噸又は積量十石に付き十五錢の割合を以て一時に納付する事を得而して此場合に於ては其港に於ては滿一ヶ年間は最早納付するに及ばさるものなりとす

噸稅は船舶入港の際稅關より稅金額及び納付金庫を指定して告知ある時は船長より之を納付すべきものなり但し噸稅の逋脫を圖り又は納付せずして出港したるときは噸稅の三倍に相當する罰金を船長に賦課するものとす船長は噸稅を納付したるときに於て若し納付濟の證明書を得んとするときは之れを申請する事を得尤も塲合には印紙を以て證書一通每に手數料一圓五十錢を納付するを要す

船舶が稅關によりて其測度を受けたるとき船長は後日の爲めに船舶測度證を

受けんとするときは噸税納付濟の證明書下付請求の塲合と同しく同額の手數料を納付し之れを申請する事を得

尙ほ終りに一言すべきは船舶が海難其他不可抗力の止むを得ざる事由により開港に入港したる爲め噸税を納付するを要せざる塲合(曾つて八十頁の終に陳べたる如く目的外の開港に入港したる原因が海難其他止むを得ざる事故にあらずして且つ貨物の積卸をなすときは普通の入港と同視せり)に於ては其事故を税關又は税關支署に證明する事を要するものとす

噸税は關税と同じく國内法によりて之れを賦課するものにして帝國に出入する處の船舶は何れの國籍たるを問はず悉く之れを免るゝ事能はず唯だ關税と其趣を異にする處は關税は條約によりて特別協定の税率を徵收する事ありと雖も噸税にありては協定になるものは現今存せざる處にして噸税に關する條約の規定は唯だ列國臣民の爲めに國內法を確保するものあるのみ

第六章　各種の手數料

手數料の觀念

手數料は國家の機關が其目的の範圍內に於て個人をして其機關を利用せしめ以て其利益を完ふする事を得せしむるに對して個人をして納付せしむる處の報酬なり故に之れを租稅に比較するときは其觀念上顯著なる差異あり即ち租稅は廣く一般の目的を達するが爲めに存し手數料は或特定の場合に於ける特定の事件に關す（一）租稅は公益の爲めに徵收し手數料は個人の利益に對する報酬なり（二）又た租稅は國家が其目的を達せんが爲めに積極的に一般に賦課するものなるに反し手數料は消極的に個人が機關を利用するを俟つて徵收するものなり（三）要之するに手數料は個人が私益の爲めに國家の機關を利用するを俟つて之れが對價として納付せしむる處なり

手數料徵收法

手數料徵收の方法に二種あり一は直接徵收法にして其金額は現金を以て納付せしめ二は間接徵收法にして印紙の貼用により納付せしむるものなり然るに其利害種々あるを以て各國率ね單行せざるを普通とす帝國稅關法の手數料に付きても舊法に於ては全く直接法のみを用ひしが新法に於ては納付者の任意となし只だ一方に依らしむべき場合に付きては特に規定中に之れを示せり

關税法施行規則手數料に關する大藏省令

手數料は税關法、保税倉庫法其他税關關係法令中其躰裁上直ちに金額を示すものと否らざるものあり金額を示すものは例ば噸税法施行規則第四條の如き場合にして關税法に關する手數料の大部分は之れを大藏大臣の所定に委ねたり今本年七月五日公布の大藏省令第三十四號に就て之れを見るに

税關平日臨時開廳特許手數料

午後四時より六時迄	三十圓
午後四時より十二時迄	九十圓
午後四時より十二時過迄	百九十圓
日出より午前十時迄（但し前日より引續き開廳の場合は此限にあらず）	四十圓

税關の休日臨時開廳特許手數料

午前十時より午後四時迄	五十圓
午前十時より午後六時迄	八十圓
午前十時より午後十二時迄	百四十圓
午前十時より午後十二時過迄	二百四十圓

日出より午前十時迄（但し前日より引續き開廳の塲合は此限にあらず）　四十圓
稅關支署平日及休日臨時開廳特許手數料
日出より日沒迄　每一時間　二圓
日沒より日出迄　每一時間　三圓
稅關平日貨物積卸送致引取及發送特許手數料
日沒より日出迄　每一時間　三圓
稅關休日貨物積卸送致引取及發送特許手數料
日出より日沒迄　每一時間　二圓
日沒より日出迄　每一時間　三圓
稅關支署平日貨物積卸送致引取及發送特許手數料、
日出より日沒迄　每一時間　一圓五十錢
稅關支署休日貨物積卸送致引取及發送特許手數料
日出より日沒迄　每一時間　一圓
日沒より日出迄　每一時間　一圓五十錢

稅關及稅關支署構外檢査特許手數料

一檢査に要する時間　每一時間　三圓

但し旅費を要するときは實費を加ふ

外國交易船不開港出入特許手數料

一不開港出入　每一回　十圓

稅關法施行規則七十六條による手數料

一證明　每一件　二圓

一輸出入貨物日計表　每一ヶ月　二十圓

一其他船舶貨物に關する計表每一件　五十圓

(稅關法施行規則七十六條「稅關の證明又は船舶貨物に關する計表を請ふものは手數料を納むべし」)

以上を以て去三十年七月大藏省令第十一號に對照するに末段三項に關する手數料を新設し舊令に貨物積卸特許手數料とありしを新令に送致引取及び發送の八字を加へ舊令の末文に本令の特許手數料は船舶一艘每に之れを徴收すと

ありし一項を刪除せり其他は徵收せらるゝ場合及び金高共に新舊二法互ひに異なる事なし

手數料の外に税關は尙ほ棧橋起重機其他税關の土地建設物又は備品を使用するの對價として使用料を徵收す使用料は手數料と異なり機關の或行爲を求めたるに對する報酬にあらずして單に國家の公有物を利用したるの對價なり使用料は其納付に關しては手數料の場合と同じく印紙若くば金錢を以てする事を得即ち任意上納法に由るものなり

手數料使用料の外に又た保税倉庫及び上屋の庫敷料若くば保管料等各種の收入あり之等に關しては其場合々々に就きて陳ぶる處あるへし

第七章　戻税及交付金

交易上の保護政策は必ずしも獨り輸入税の賦課によりてのみ間接に之れを保護するものたるに限らず他に直接に內地生產貨物の輸出を奬勵する處の方法あり例之古來より保護貿易國に常に行はれし處の輸出奬勵金の如きは其顯著

なる一例なり帝國にありては現時輸出奬勵金の名を有するものは存在せずと雖も輸出交付金と稱するものは製造烟草の輸出に關して之れを存せり然ながら交付金と稱するも奬勵金と稱するも其實際の性質に於ては毫も甲乙なきものにして單に名稱の差異たるに過ぎず

尙ほ交付金(若くば奬勵金)と其名稱方法を異にして其實大に之れに類似するものあり即ち内國税の下戻(外國の原料を輸入し精製輸出の際に輸入税を下戻すの方法は古來行はれし處なれども玆に云ふ戻税は内國税に關するものにして之れと別種のものなり)と稱する處のものにして帝國に於ては酒類造石税と醬油税に付きて現存せり

總て此等輸出交易に關する保護手段は昔時より性質上税關をして之れを取扱はしむるを普通とす帝國に於ても亦た税關官制を以て明かに其管掌の一に加へたり

酒類造石税の下戻に關しては明治二十一年七月勅令五十四號輸出酒類戻税規則及同八月大藏省令第八號の同施行細則の規定する處にして內國にて造石税

を賦課したる酒類を外國に輸出するときは輸出港税關の檢査を受け(其酒類の種目、石數及容器の個數、輸入地名、積入船名等を記載したる書面を差出し)檢査濟の證明書を得輸入港税關を通過したる際其證憑を得て(輸入港の帝國領事官貿易事務官又たは名譽領事の輸入證明書を受くべし)當初の輸出港税關に差出し造石税の下戻を請求する事を得るものなり但し輸入證憑を得て後ち滿三ヶ年以内に其請求權を行はざるときは消滅時效にかゝるものとす

一旦外國に輸出したるが爲めに造石税の下戻を已に受領せる酒類を更に本利に輸入するときは輸入港税關の檢査を受け(酒類の種目石數及容器の個數と當初税金下戻を受けたる年月日出港名を記載したる書面を輸入港税關に差出し)陸揚の際造石税金を還納すべきものなりとす

造石税金下戻及還納の際に石數の合位又は税金の厘位に充たざる端數あるときは之れを切捨つ

醤油税下戻は明治二十一年六月十六日勅令四十七號醤油税則第十三條の規定する處にして其手續に於ては酒類造石税の下戻と異なる處なし

製造煙草輸出交付金

製造煙草輸出交付金に關しては本年三月二十日公布の法律を以て規定せり即ち政府は葉煙草專賣法施行地に於て製造したる煙草を外國に輸出するものに對しては其價格の百分の二十を超過せざる範圍内にて勅令の定むる處の金額を交付する事を得るものにして輸出煙草の價格は輸出の際に於ける申告價格に依るものなりと雖も申告價格を不相當と認むるときは政府に於て之れを定むる事を得

第八章　船舶

運輸機關の取締は元來稅關固有の目的よりすれば必ずしも其直接事項にあらず然しながら其目的を十分に達せんとせば是非とも或程度に於て之が取締をなさゞるべからざるは言を須たず故に各國共に稅關の附隨的任務として稅關制の目的を達し得るの範圍内に於て之れが取締をなさゞるはなし而して帝國は海國なるを以て運輸機關の取締は主として船舶に關するものなり

船舶の取締に關して陳ぶるに先ち開港に付て一言するを要す開港とは國家が

開港

國際貿易の爲めに內外貨物の出入を認めたる海岸に於ける一定の場處にして此處を經由せざるの貨物は合法に輸出入されたるものにあらざるなり帝國に於ては從來此種の場處は僅かに橫濱、神戶、大阪、長崎、函館、及新潟の六港にして他に特別輸出港及び特別輸出入港と稱する不完全なる開港存せしが新法の下に之れを廢止し右六港の外に更に地理的分配に注意し新に二十二港を開けり開港の地理的分配は其撰擇上最も注意を要すべきものにして其撰擇を失するときは一國の產業上に尠なからざる遮害を與ふるものなり抑も貨物の輸出入をして一定の場處を經由せしむるは國家の政策上止むを得ざるの制度にして出來べくは貨物をして需要と供給の間自由の通路を取らしむるを以て最も適當とす幸ひにして貨物の集散地は國の形勢によりて自づから定まるものなるが故に此點に注目するに於ては交易上著しき妨害を與ふる事なかるべきも若し一朝其注意に欠ぐる處あり爲めに貨物をして甚しく迂回せしむる事あらんか內國消費者の負擔は無用の增加を來し其結果產業の利得を沮害すべきは言を須たざるなり今本年七月十二日の勅令に就きて見るに大躰上其撰擇當を得たりと云ふべく何れも現在若しくは將來に於て貨物の集散上一地方の要路に當るべき場處にあらざるはなし即ち勅令第三百四十二號によれば新開港は

駿河國清水　尾張國武豊　伊勢國四日市　長門國下の關
筑前國博多　豊前國門司　肥前國唐津　肥前國口ノ津
肥後國三角　對馬國嚴原　對馬國佐須原　對馬國鹿見
琉球國那覇　石見國濱田　伯耆國境　丹後國宮津
越前國敦賀　能登國七尾南灣　越中國伏木　後志國小樽
釧路國釧路　膽振國室蘭

にして右の中室蘭港は麥、石炭、硫黃其他大藏大臣の指定せる物品の輸出に限り之れをなす事を得るものなり尙ほ一の制限は斯く一旦開港せりと雖も將來滿二年毎の輸出入貨物にして價格五萬圓に達せざるときは三ヶ月前に大藏大臣の公告によりて之れを閉鎖するものとす

次に一言すべきは開港場の境域の問題なり蓋し開港と不開港の境域判明ならざるときは外國交易上各種の權利に少なからざる關係を及ぼし實際上難問を惹

起すべければなり故に法は豫め開港々則中に之れを決定せり開港々則中此部分に關しては本年八月二日勅令第三百六十號を以て改正を加へられしが今一々之れを擧示する必要なきが故に一二に付き陳ぶれば例之ば清水港の港界は眞崎より正北に引きたる一線以內、武豊港の港界は布土村より正東に引きたる一線以內といふが如し

船舶

國際貿易に關して船舶の取締をなすには勢ひ外國交易船と沿海通航船の區別をなさゞるべからず何となれば前者は外國との間を來往するものにして何者は自國の沿岸を航行するものに過ぎざればなり

一　外國貿易船

外國交易船にのみ關する規定

外國交易船とは國際交易の爲めに外國に往來する船舶にして開港場の外出入する事を得ざるものをいふ而して其國籍の內外を問はず等しく帝國の法規に服從すべきものなり

外國交易船開港に入港したるときは船長は二十四時間以內に稅關に入港屆(船舶の名稱國籍、登簿噸數、仕出港、入港の時及乘組海員の數を記載したるもの)を出

し積荷目錄(船舶の名稱、國籍、貨物の仕出地、仕向港、記載番號、品名、箇數、數量及荷受人を記載すべきもの)艙口申告書(艙口の所者、個數を記載したるもの)船用品目錄(船用品の種類、數量及見積價格を記載したるもの)及び旅客氏名表(旅客の國籍、氏名、乘込地及上陸地を記載したるもの)を提出し之れと同時に船舶國籍證書及仕出港の出港免狀若しくば之れに代はるべきものを預くべきものとす

外國貿易船開港を出港せんとするときは船長は稅關に出港屆(船舶の名稱、國籍、仕向港及出港の時を記載したるもの)を爲し出港免許を受け曩に入港の際預入れたる船舶國籍證書其他の書類を受戾すべし

然るに貨物の積卸をなさずして入港後二十四時間以内に直ちに出　　するときは前陳の出入港手續をなすを要せざるものなりとす蓋し貨物の積卸をなさゞる時は輸出入上何等の關係なきのみならず入港後二十四時間は入港屆提出期間なるが故に此間に斯かる手續を行はしむるの理由及必要共に存する事なければなり

外國交易船は不開港に出入するを得ず但し海難其他不得已して入港する場合

は特に例外として之れを認めざるべからず此場合には船長は直ちに其事由を稅關官吏、稅關官吏あらざるときは警察官吏に屆出づることを要す（警察官吏が此の屆出を受けたるときは所轄稅關又は監視署に急報すべきものとす）又た船舶修繕の爲又は巨大重量の貨物にして開港にて積卸し難き貨物を陸揚する爲め必要と認むるときは當分中稅關長に於て外國貿易船の不開港に出入する特許を與ふる事を得るは關稅法第八章補則第九十八條に明規する處なり此特許は港名、船舶の名稱、國籍、碇泊期間、及理由、若し貨物の陸揚に係るときは其品名、數量を記載したる文書を以て申請したるものに對し稅關長必要と認めたる場合に初めて附與する處にして特許を得たるときは船長より特許手數料を納付すべきものとす

外國貿易船は開港に在ると不開港に於けるとを問はず船用品を積入れんとするときは船長は稅關、稅關の設置なき地に於ては稅關官吏、稅關官吏在らざるときは警察官吏に物品の種類、數量及價格を記載したる文書を以て申告する事を必要とす

沿海航通船にのみ關する規定

二　沿海通航船

沿海通航船は外國に來往せざるものにして單に帝國の領海內を航行する船舶をいふ從て一見毫も稅關とは直接の關係なきが如しと雖も此種の船舶は一の開港より(例外なる場合には不開港より)他の開港へ外國交易品を運搬する事あるを以て主として此場合に關して取締をなさゞるべからず故に沿海通航船か其出入に際して稅關の取締を受くべき場合は外國品に關係を有する場合に限れるものといふべし

沿海通航船が外國貨物を船卸せんが爲めに開港に入港したるときは船長は二十四時間以內に其貨物の積荷目錄を稅關に提出すべく外國貨物を積載して開港を出港せんとするとき亦た同じ尤も此場合の積荷目錄は外國交易船が記載すべき各項目の外に貨物の船卸をなすべき地を記載するを要す

沿海通航船海難其他已むを得ざる事故の爲めに外國へ寄港したるときは歸港後に其地所轄の稅關に申告するを要す若し外國の寄港地に於て船用品を積入れたるときは其種類數量及原價を記載したる目錄を歸港地所轄の稅關に提出

外國貿易船と沿海交易船とに通ずる事項

せざるべからず

以上陳べたる處は外國交易船と沿海通航船とが其出入に關し互に手續を異にする點のみなりと雖も同一の取締を受くる場合に付きて更らに陳述せんに總べて外國貨物を積載せる船舶は外國交易船たると沿海通航船たるとを問はず稅關長の特許若しくは認許ありし場合の外は(一)日出より日沒迄の間及稅關の休日以外の日に於て(二)積荷目錄を提出したる後にあらざれば貨物の積卸をなすを得ず(積荷目錄は其提出後二十四時間以內に限り稅關の認許を得て之れを訂正補足する事を得)但し旅客の携帶品及郵便物は特別の理由存するが故に此制限外なりとす

外國貨物は開港場の外之れを積卸するを得ずと雖も船舶は航海中海難若しくば其他已むを得ざる事情の發生の爲めに不開港に入港し(一)積載貨物を假りに陸揚したる場合(假陸揚をなさんとするときは其記號、書號、品名、個數及數量を記載したる文書を以て船長より稅關に稅關の設置なき地にありては稅關官吏又は警察官吏に申告すべし但し海難其他已むを得ざる事故により豫め申告する能はざるときは陸揚したる後直に申告すべきものとす(二)運般の自由を得ざる場合又は(三)全く難破したる場合に於て入港船舶自から若しくは他の船舶によりて其貨物を開港場に回漕せんとするときは其の船長は税關官吏、税關官吏あらざるときは警察官吏の認許を經るにあらざれば出帆するを得ず斯くて開港に入港したるときは船長は二十四時間以内に最に得たる處の認許證を税關に提出すべきものなりとす(認許證を受くるには船長より船卸港、貨物の品名、個數及數量を記載したる申請書を提出すべし)

第九章　貨物

貨物は税關制度の基礎にして之れに關する取締は最も詳密なるが故に吾人は本章に於ては之れを數節に分ち順次陳述せんと欲す

第一節　貨物の分類

凡そ貨物は觀察點を異にするに從ひ種々に分類する事を得べし通關の狀躰よ

りしては外國貨物と內國貨物の別あり課税の點よりしては有税品と無税品とあり政策上よりしては交易品と禁制品とあり

外國貨物と內國貨物

第一　外國貨物と內國貨物

普通の意義に於て外國貨物とは外國に於て生産する處のものをいひ內國貨物とは國內にて生産するものをいふ然しながら税關に於ては斯かる廣漠なる意義を以て滿足するを得ず何となれば税關は貨物の內外なるによりて其關係する處非常に差異あるにも拘はらず此意義に於ては內地市場の外國輸入品は尙ほ外國貨物にして之れと同理により外國市場の內國輸出品も亦た內國貨物と稱するを得べければなり故に税關に於ては二者は其の生産地の內外なるによりて之れを區別すると同時に一旦輸入の手續を了れるものは內國貨物とし反之して輸出手續既濟のものは外國貨物とせさるを得ず是れ關税法第二十九條の明規する處にして玆に深く論ずるを要せざるなり

禁制品と交易品

第二　禁制品と交易品

禁制品は一國産業の保護上若しくは國民の身躰精神其他一般の公益上の爲め

其交易を禁止せられたるものにして現時は主として直接に後者の目的を以て行はるを普通とす輸出の禁制に付きては例ひば或産業の爲めに要する原料は其國獨特のものにして而かも其高寡少なる塲合の如き稀れなる例外の外は現時殆んど存する事なく帝國の如きも曾つて銅、鋼錢、米、麥及米麥粉等に付きて禁制せし事ありしも漸時之れを廢棄せり

輸入禁製品

輸入品の禁制に付きては明かに關税定率法に之れを規定せり即ち所謂第三種の物品と稱するものにして

法律命令により有害なりと認むべき純良ならざる藥材、化學藥、製藥、食物若しくば飮料阿片吸煙具

法律命令により公共の衞生又は動植物に危險ありと認むべき物品

特許意匠商標及版權に關する帝國の法律に違反せる物品

贋造貨幣及贋造と認むべき模造貨幣

阿片(政府の輸入する藥料阿片を除く)

公安及び風俗を害すべき書籍圖畫彫刻物其他の物品

等なりとす

禁制品にあらざる總ての貨物は皆な交易品たるを得然しながら一言すべきは國際交易品は必ずや商の目的を有せざるべからざるが故に同一物品と雖も稅關を出入する目的によりては交易品として之れを取扱ふ事能はざるものなり例へば郵便物、旅具及船用品等の如し

有稅品と無稅品

第三有稅品と無稅品

有稅品と無稅品は讀んで字の如く關稅の賦課を受くると否とによるの區別なり輸出貨物の漸次無稅となりし事は曾つて陳べしか如くにして帝國も從來有稅貨物中個々に付きて無稅輸出を許可し來りしが關稅定率法の實施と同時に悉皆無稅となれり故に二者の區別は主として輸入貨物に付きて其必要存するものなりといふべし輸入品にありては關稅定率法に據るときは無稅品に二種あり即ち(一)狹義の無稅品と(二)免稅品之なり

狹義の無稅品

狹義の無稅品にも亦た二種あり第一種は

第一　御料品　　第二　帝國陸海軍の輸入に係る兵器、彈藥及爆發物

第三　海軍艦船　第四　帝國に派遣せられたる各國公使に對する自用品
第五　勳章賞牌　第六　記錄文書其他の書類　第七　商品の見本但し見本用にのみ適するものに限る　第八　旅具(旅客の携帶するものに限る)
第九　官立、公立の博物館及物品陳列所へ永久陳列の爲め輸入する物品
第十　內國產にして五箇年以內に外國より積戾り輸出の時の性質及形狀を變せざるもの但し煙草稅、酒稅を除く　第十一　修繕の爲め外國に輸出し再び輸入する物
以上の中第七第八第九號の物品は稅關に於て相當と認むるものに限り第十一號の物品は輸出の際豫め再輸入の期限を定めざるべからざるの制限あり
狹義無稅品の第二種は定率法第六條の規定する處にして
第一　修繕のため一時輸入するもの
第二　學術硏究旅行者使用の爲め一時輸入するもの
第三　試驗品として一時輸入するもの
第四　商人工業者及注文取集旅商の見本品として一時輸入するもの

免税品

第五　演劇其他興行用の爲め一時輸入するもの

等にして或條件の下に課税を受けざるものなり條件とは一時の輸入にして其期間は滿六ヶ月なり故に此期間を經過するも輸出せざる事なからしめんが爲めに輸入の際に税金相當の擔保を供せしむるものとす

免税品とは關税定率法附屬税表に掲くる第二種のものを曰ふ即ち

廣告の書畫及看板　骨灰　地圖海圖及其他の學術圖　銀行劵利札株劵
其他各種の有價證劵　書籍習字本習畫本及新聞雜誌　金銀(地金)
繭(各種)　金銀貨幣　故綿　繰綿　生綿　屑綿　屑綿絲
苧麻(梳理したると否とを別たず)　鳥糞　ゴンニー嚢(新古を別たず)
ゴンニー布　包蓆　雛形及工事圖面　油糟(塊粉を分たず)
菜料阿片(政府の輸入するもの)　草木及苗根　米糀　乾繭　茶藍
茶篩及茶箕　茶鍋茶鉛　羊毛山羊及駱駝毛(新故を別たず)

等なり之れによりて觀れば免税品は率ぬ消費物にして或は內地にて到底生産し得ざるもの若しくは設令生産するも之れを保護する必要なきものにして寧

有税品　ろ内地産業の爲めに輸入を容易ならしむべき種類のものたり要之するに免税品は輸入の目的一般の消費に存するものにして本來之れに消費税の一種たる關税を賦課するも敢て不可なしと雖も政策上よりして其通過を容易ならしめんと欲する處の貨物の種類をいふ故に狹義の無税品は此點に於て大に免税品と其性質を異にする處あり即ち前者は品目表の示す如く貨物の性質上又たは輸入の目的上毫も一般内國民臣の消費とは關係なきものにして從つて關税を賦課すべきものにあらざるなり

有税品は貨物の輸入に際して關税を徴收さるゝ處の貨物にして關税定率法附屬税目表中第一種に屬するものをいふ其品目は四百九十七種の多きに達するが故に到底玆に之れを陳述するの餘白なし讀者宜しく同表に就きて之れを知るべし

第二節　貨物の輸出入、積戻及回漕

輸出入　貨物の輸出入は必ず前章陳べたる處の開港を經由せざるべからざるを原則と

なすと雖も又海難其他已むを得ざるの事情の結果として左の場合には例外として不開港に於て之れをなさしめざるべからず即ち

一　遭難船舶の修繕、救援若は救助の費用其他航海を繼續するに必要なる費用を支辨する爲め貨物を賣却するとき

二　遭難船舶に積載せる損傷貨物若は腐敗し易き貨物を讓渡すとき

三　遭難船舶若しくば難破貨物を輸入するとき

四　遭難船舶より上陸したる旅客の携帶品を輸入するとき

等にして稅關法の明かに除外する處なり

貨物の輸出入をなさんとするものは其地の稅關に(不開港の場合にありては稅關官吏、稅關官吏現場にあらざるときは收稅官吏に)申告し貨物の檢査を經て輸出若しくば輸入の免許を受けたる後ちにあらざれば船積し又は引取り若しくば通過の爲めに發送する事を得ず尤も輸入の場合に當該官吏の認許を得て稅金の擔保として金錢を提供したる場合に直ちに之れを引取る事を得る事は曾つて陳べたる處なり

輸出入申告書は貨物の檢査を開始したる後は訂正補足する事を得ざるものにして其方式は輸出と輸入の場合に於て差異あり輸出申告書は積載すべき船舶の名稱、國籍、貨物の記號、番號、品名、箇數、數量、價格及仕向港を記載すべく輸入申告書には積載船舶の名稱、國籍貨物の仕入地、產出地、又は製造地、記號、番號、品名、箇數、數量、原價及諸費を記載するを要す(旅客の携帶品は其申告は必ずしも書面を以てするを要せず)

輸入申告書には輸入者之れに貨物の仕入書を添付すべきを本法とす然るに仕入書は當初より輸入の意思ありて初めて存在すべきものなるが故に前陳の如き不開港に入る事を得る例外の場合にありては多くは之れを添付するを得ざるべし尙ほ其他事情によりては正當に添付する事を得ざる場合稀なりとせず斯かる場合に尙ほ本則に準據すべきものとなすは當を得たるものにあらざるを以て之れを例外とせざるべからず然しながら無制限に之れを許すべからざるが故に(一)稅關若くは當該官吏之れを認めざるべからず(二)稅關の評定價格によらざるべからず(三)關稅の賦課に關して異議を申立て又は訴願を提起する事

通過品に關する輸出入手續

を得ざる等の制限あり(仕入書を差出したる場合に仕入書は輸入免狀の付與と同時に提出者に還付するものとす)

輸入貨物を輸入免許前に引取るが爲めに認許を得んとするときは其理由を記載したる申請書を提出すべく又た輸入申告書に記載したる貨物を分割して引取の認許を得んとするときは其申請書に理由の外該貨物の記號、番號、品名、數量及輸入申告の年月日を記載するを要す

通過品は一旦輸入して後ちに更らに輸出するものなるが故に元より普通の輸出入と其手續を異にせざるべからず即ち通過品を輸入せんとするときは輸入申告と同時に通過目錄を提出し輸入免許を受けたる後にあらざれば發送の手續をなすを得ず然るに通過は常に同一の場處より同時に輸出するものと限らざるが故に其地を異にする毎に目錄を製し各個に對して輸入免許を受くる事を必要とす而して稅金相當の擔保を供すべき事は曾つて陳べたる處なり尙ほ一の制限は通過貨物の運送は必ず關稅通路によるべきものにして運送人は通過貨物に關し職務を執行する官吏に對し相當の便宜を與ふべきものとす通過

積戻

品を輸出せんとするときは輸出申告と同時に輸入免狀又は之れに代はるべき稅關の證明書を提出すべく稅關は輸出免許を與へたるときは輸出免狀又は證明書に輸出濟の旨を記入し提出者に交付すべきものなり

通過品の輸入申告書には普通の輸入申告書に記載すべき事項(前出)の外に尙ほ輸入の目的及輸出地を記載すべきものにして通過貨物の目錄も亦た之れに同じ又た其の輸出申告書には普通の輸出申告書に記載すべき事項の外に仍ほ其產地を記載すべきものとす(總て外國貨物の輸出申告書には皆な其產地を記するを要す)

關稅定率法第五條第十號及第十一號に該當する貨物(內國產にして五ヶ年以內に外國より積戻り輸出の時の性質及形狀を變せざるもの但し煙草酒類を除く「第十號」修繕の爲め外國へ輸出し再び輸入するもの「第十一號」を輸入せんとするものゝ關稅の免除を得んとするには輸入申告と同時に輸出免狀又は之れに代はるべき稅關の證明書を提出するを要す修繕の爲め輸出し再び輸入すべきものゝ輸出申告書には普通の輸出申告書に仍ほ輸出の目的再輸入の場所及期限を

回漕

記載すべく若し再輸入の場處を變更したるときは文書を以て輸出港税關に申告するを要す次に一旦輸入したる外國貨物を積戻さんとするときは輸出申告をなすべきものにして其記載事項は普通の輸出申告書に異なるなし蓋し一旦輸入したる時は内國貨物と見做すべきものなればなり然しながら假りに陸揚したる外國貨物は未だ輸入したるものにあらざるが故に隨て輸出の手續を經るを要せざるものなりとす

關税定率法第六條の貨物(一時輸入し六ヶ月以内の再輸出を條件として課税せられざるもの)を輸入する者は普通の輸入申告書に仍ほ輸入の目的及輸出港を記載すべく輸出港を變更したるときは文書を以て輸入港税關に申告するを要す斯くて滿六ヶ月内に輸出せんとするときは普通の輸出申告と同時に輸入免狀又は之に代はるべき税關の證明書を税關に提出すべく税關は輸出の免許をなしたるときは輸入免狀又は證明書に輸出濟の旨を記入し提出者に交付するものとす

内外貨物を外國貿易船に又は外國貨物を沿海通航船に積載し開港開に回漕せ

貨物に關する各種の手續

んとするものは稅關に申告し貨物の檢查を經て回漕免許を受くべきものにして回漕免許を受けたる後にあらざれば之を船積する事を得ず回漕申告書には積載すべき船舶の名稱、國籍、陸揚地內外國貨物の區別、貨物の記號、番號、品名、箇數、數量、及價格を記載すべきものなりとす斯くて回漕貨物船卸をなすべき地に到達したるときは回漕免狀を稅關に提出すべく關稅は貨物の檢查をなし回漕免狀と符合したるときは該免狀に回漕濟の旨を記入して提出者に還付すべきものなり

貨物を稅關に送致し又は貨物の引取發送をなすには日沒より日出の間及び稅關の休日には其理由を記載したる申請書を提出して稅關の特許を得たる場合の外は之れをなす事を得ず尤も旅客の携帶品は例外なりとす

稅關に送致し若しくば陸揚したる貨物の取扱は總て稅關長の指揮を受くべく貨物の陸揚其他船舶と陸地との交通は稅關長の特許を得たる場合の外稅關に於て定めたる場處によるべきものなり若し稅關に於て定めたる場所以外に此等の行爲をなさんが爲めに特許を受けんとする者は其場所、期間貨物の種類等

を記載したる申請書を稅關に提出するを要す

貨物の檢査は總て稅關又たは稅關支署の構內に於てなすべきものなりと雖も若し構外にて檢査を受けんとするときは其場處、期間、貨物の種類を記載したる申請を提出するを要す但し關稅法第二十四條にて不開港にて貨物の輸出入をなすを得る特別例外の場合には特許を受けしむるの理由なきものなるが故に此場合は除外せり

郵便物と船用品

最後に一言すべきは郵便物と船用品なり郵便物は發信者と受信者との間にありては國家が遞送の任務を有するものにして普通私人の運搬する貨物とは大に其性質を異にするのみならず出來丈け迅速を要するものなるが故に曾つて陳べたる處の課稅に關して特別の取扱を受くると同じく運搬に關しても亦た格別の取扱を受くるものとす即ち貨物に關する關稅法の規定第一、第二、第三の三節中第二十五、第二十七、第二十八、第二十九、及第三十六の數條は郵便物に適用せざるものなりとす其何故なるやは郵便物の性質上之等の規定に就きて見れば自づから明亮なり

郵便局にて輸入の爲め郵便物を陸揚したるときは當該税關に通知書を發し税關にて郵便物の檢査を開始したるときは郵便局員立會の上に之れを行はざるべからず是れ郵便物を重視すべき當然の事由なり

郵便物中關税を課すべき物品あるときは税關は其税金額を郵便局に通知し郵便局は受信者に交付の際關税を收納するものなる事は嘗つて之れを陳べたり然るに場合によりて郵便物を名宛人に交付する能はざる時は郵便局は制規によりて之れを徵收する事能はざるを以て税關の通知書に其理由を記入して税關に還付すべきものとす

船用品は交易品と異り其目的とする處は只船舶が航海中に必要なる消費をなすに存するが故に之れを交易品と同一に取扱ふは不可なるのみならず可成容易に之れを通過せしむるを要す故に船用品は關税法の貨物に關する規定の適用を受けざるものにして特に第三十條に明言あり然しながら任意に通過せしむるは亦た弊害を釀す基因なるが故に嘗つて陳べたる如く第二十一條に於て船長をして物品の種類、數量に價格を記載したる文書を以て税關、税關の設置なき地にては税關官吏、稅關官吏あらざるときは警察官吏に申告せしめ外國にて沿海貿易船之れを積入れたるときは其種類、數量及原價を記載したる目錄を歸港地所轄の稅關に提出せしむるの制限を置けり

第三節　貨物の收容

船載の爲め稅關に送致し又は陸揚したる貨物は輸出入、通過又たは回漕等の目的に從ひ引取、船積發送又は保稅倉庫へ庫入をなすべきものなるにも拘はらず之等の處分をなすものなきときは徒らに貨物を停滯せしめ取扱上不都合なるのみならず他の貨物の爲めに妨害を來し經濟上の不利不便少なからず故に或期間の後ちは稅關をして之れを收容せしめ適當なる處置をなさしむるを適當とす乍然稅關は貨物權利者の怠慢の爲めに自づから其費用及び危險を負擔するの理由毫も存せざるが故に此種の負擔は貨物に關する利害關係者に歸するものとせざる事を得ず而して收容する事を得る時期は貨物を稅關に送致し又は陸揚したるときより七十二時間以後なりとす

然るに收容後直ちに處分せしむる事を許すは餘りに酷にして出來丈け利害關係人をして當初の目的に從ひ處分せしむる事を得るの途を與へざるべからざるが故に稅關は收容後三日以內に必ず貨物の記號、番號、品名、及個數を記載したる揭示をなすを要す若し收容の解除を得んとするものあるときは貨物の記號、番號、品名及箇數等を記載したる文書を以て稅關に申告し貨物に關する一切の費用及大藏大臣の定めたる敷料を納付して免許を受け四十八時間以內に引取、船積、發送又は保稅倉庫に庫入をなす等の處分をなすべく若し以上の時間以內に尙ほ其處分をなさゞるときは以上の申告及び免許は無效に歸すべし

貨物收容の日より六ヶ月以內に尙ほ申告者を生ぜざるときは稅關は其記號、番號、種類及個數の公告をなし而して公告後一ヶ月を經過するも尙ほ申告書現出せざるときは貨物を競賣に付し關稅、敷料其他當該貨物に關して要せる一切の費用に充て殘金あるときは之れを供託して利害關係人をして後日に至りて受領せしむるの機會を得せしむ

以上は收容貨物に關する通常手段なりと雖も若し貨物の性質により腐敗の虞

あるもの若しくば倉庫又は他の貨物を損傷するの虞あるときは他の手段によりて之れを處置せされば彼我の損失を招くべきが故に例外として前陳の手續を踐む事なく直ちに公告して競賣に付し若し公告するの暇なきときは先づ競賣をなし然る後ち公告する事を得るものとす而して其競賣代金の處分に關しては普通の時と毫も異なる處なし(此場合の公告には更に競賣の事由、競賣の場處及時其他の必要事項を附加記載すべきものとす)

競賣に付するも尙ほ買手なきときは止むを得ず稅關は適宜に之れを處分する事を得べし玆に一言すべきは稅關官吏は當該官吏の賣却するものは直接と間接とを問はず之を買受くる事を得ず是れ馴合の末國家の收入を無視する事其他諸般の弊を防ぐの制限として設けたる處なるべし

第十章　保稅倉庫

倉庫は一方に於ては荷主の爲めに貨物保管の場處たると同時に他方にありては貨物の賣買、移轉及金融上の便を與ひ現時の商業組織には不可缺必須の制度

にして貨物集散の中心たる貿易場には離るべからざる關係を有す隨つて稅關の陸上設備中重要なるものゝ一なり

倉庫には大別すれば二種あり一は保稅倉庫にして一は保管倉庫なり保管倉庫とは吾人が後編に論ぜんとする處の狹義の倉庫をいひ稅關附屬のものは所謂保稅倉庫に外ならず

保稅倉庫の目的及便否

保稅倉庫は英國の所謂「ボンデッド、ウエーアハウス」をいひ第十八世紀の初めに先づ英國のリバープルに創設せられしより以來漸次其效用を認め遂に歐米の各要港に採用せらるゝに至れり帝國に於ては久しく此制度を缺きしが交易の年々隆盛に赴くに從ひ其必要を認め曩に明治三十年三月二十六日發付の法律第十五號を以て保稅倉庫法を公布し同年七月一日より之を實施するに至れり」保稅倉庫の目的は普通の保管倉庫と同じく他人の貨物を保管するにあり然れども保稅倉庫に藏置し得べき貨物は必ず輸入手數料未濟のものならざるべからず之れ普通の倉庫と大に其の觀念を異にする處なり即ち其結果として保稅倉庫に藏置中のものは未だ輸入したるものと見做さゞるなり保税倉庫が商業上に及ぼす關係は私人が貨物を自づから保管するの勞費と危險を省滅し尙ほ保管貨物の賣買移動上各種の便益を與ふる事は普通の倉庫に於けるが如し然れども普通の倉庫と異なり其保管せんとする處の目的物が輸入の手數未濟なりといふの點に於て特別の便益を有す即ち商人は貨物の陸揚後に於て直ちに輸入手續をなすの必要なく徐ろに時機を俟つて自己の欲する場合に之を引取る事を得べく又た輸入貨物を更に他に船積發送せんと欲する場合には非常に手數を省ぶく事を得べし然れども此點は又た國家の監督を要する處にして之れが爲めに保税倉庫が金融上便宜を與ふるに缺ぐ處あるは止むを得ざるの結果なり(後出)

保税倉庫の目的は前陳する如く輸入手數未濟の貨物を保管するにあり然れども此種の貨物と雖も主として有税品の爲めに存するものなるが故に無税品はこれが便益を受くる事少なし故に歐洲各國就中英國等に於ては自由倉庫の制度によりて廣く貿易品の輸出入上に便宜を與ふる事大なり不幸にして帝國に於ては未だ此種の倉庫なきを以て商業者は一般に其不便を感じ曩に京濱間の

有志者相計りて設置の運動に着手せしやに聞きしが今傳ふる處によれば政府の當局も亦た玆に見るあり來議會迄に案を立て其の協賛を得るに意ありといふ

帝國保税倉庫に二種あり官設保税倉庫及び私設保税倉庫之れなり二者に關する規定は元より共通の點尠なからず然れども其組織作用其他の點に於て差異も亦た少なしとせず故に研究上節を分つて論ずるを以て便と信ず

第一節　貨物の藏置及運搬

本節は主として官私の保税倉庫に共通の點に付きて陳ぶるを本旨とす然れども其差異の點に關しても便宜上本節に於て併せ陳ぶるを以て適當となすの事項に付きては別に次節以下に於て故らに陳ぶるの必要なきが故に本節中に加ふる事となすべし

保管貨物の種類

一保管貨物の種類　保税倉庫に入庫し得べき貨物は必ず外國貿易品ならざるべからず然れども交易品中其性質及び種類の如何を問はず何れも皆な藏置す

るを得るものにあらず元來貨物中には其れ自身藏置に不適當のものあり又た藏置し得るも他の貨物若くば倉庫に損害を及ぼすの慮あるが爲めに或は他の政策上保管すべからざるものあり然るに之等の貨物保管の撰擇を倉庫の自由に放任するは倉庫政策上策の得たるものにあらず故に官設私設を問はず藏置貨物に付きて或制限を加ふるは倉庫及び荷主の保護のみならず大にして謂はば國家經濟上其の必要存するものにして我保稅倉庫法は其の第五條に於て保稅倉庫に藏置する事を得べき貨物の種類は主務大臣之れを定むと規定し而して保稅倉庫法施行細則第一條に於ては明かに其範圍を明記せり曰く

一　無稅品
二　巨大なるもの及重量なるもの
三　損傷、腐敗せしもの又は損傷、腐敗し易きもの
四　發火質、燃燒質又は爆發質のもの
五　倉庫又は他の貨物を汚損すべきもの
六　動物及植物

保管貨物の出入

七　不潔物

以上の各項に牴觸せざるものは之れを藏置する事を得尤も右は官設保税倉庫に關するものにして第二項の如きは全く當該官吏の認定に由るものとす私設保税倉庫に藏置する事を得る貨物は尤より以上の制限を受くる事なしと雖も唯だ一の制限は藏置し得る貨物の種類は必ず大藏大臣の認可を經たるものならざるべからず是れ普通の保管倉庫に反して私設保税倉庫が政府の監督を受くるよりして生ずる當然の結果なりとす

二保管貨物の出入　保税倉庫に貨物を庫入し若しくば庫出せんには必ず當該官廳の許可を經べきものにして無斷に庫入出したるときは三圓以上三十圓以下の罰金を課せられ許可なくして庫出したるときは其貨物を沒收し若し其貨物にして既に他へ讓渡し又は消費したるときは其代金を追徵せらる

庫入せんとする時は庫入願書を倉庫所在地の税關又は税關支署に差出したるの後ち貨物の檢査を經て庫入免狀を受くるを要す藏置貨物の全部又たは一部を引取らんとするときは輸入願書を税關又は税關支署に差出し輸入税を納め

輸入免狀を受けざるべからず
庫入貨物は其包裝を完全にするを要す若し不完全なるものなるときは之れを改裝したる上に非らざれは庫入する事を得ず
保稅倉庫の開扉は日出より日沒迄の間を限り稅關の休日に於ては開扉せざるを本則とす然しながら休日中商人に於て開扉を必要とする場合に於ては臨時開庫願書を稅關(又は稅關支署)に差出して特許を受くるを要す尤も此場合に於ては一時間毎に金一圓宛の手數料を納付せざるべからず

三貨物の藏置　保稅倉庫は輸入各手數未濟の貨物を藏置する處にして藏置中の貨物は未だ輸入したるものと見做さす故に藏置中は稅關の最も注意を要すべき處にして之れに關する取締も亦た自づから嚴ならざるべからず故に藏置中の貨物は必ず稅關官吏の指定したる場所に配置すべきものにして若し之れを變更せんとするときは當該官吏の許可を經るを要す又た貨物にして他の貨物を傷害若しくば汚損するの虞あるものは他の貨物と混同して藏置する事を許さゞるのみならず總て貨物の藏置中は庫內に火氣を入るゝ事能はず唯だ止

むを得ざる時に之れを要する場合には最も安全と稱せらるゝ軍艦用の提燈を携帯する事を得るのみ

藏置貨物の見本を取出さんとするときは其品名及數量を記したる書面を税關若しくは税關支署に差出し承認を經べく其倉庫若し官設に係るものなるときは以上の書面の外に預證券(官設保税倉庫よりは預證券を發行す次節參照せよ)を添へて差出すを要す斯くて税關又は税關支署は其取出したる見本の數量及取出の年月日を預證券に記入して還付するものとす

貨主は又た藏置貨物の調査をなす事を得此場合には税關又は税關支署に申出で其承諾を受けざるべからず

尙ほ藏置上に關しては種々陳述すべき事ありと雖も保税倉庫の官設なると私設なるとによりて其關係大に異なるが故に後節に於て更らに精述すべし

貨物保管の期間

四 貨物の保管期間 保税倉庫に貨物を藏置する事を得べき期間は庫入の日より滿一ヶ年にして設令庫移をなすも其藏置期限は總て最初庫入の日より通算するものとす期間經過するも尙ほ貨物を引取らざるときは私設保税倉庫にあ

りては輸入税を徴收し官設保税倉庫にありては無請求品として取扱ふものなり尤も官設保税倉庫に於て藏置貨物引取の權利に付き訴訟ありたるときは藏置期限の延期を求むるを得るものとす尙ほ此點にしては後節述ぶる所に就て見るべし

貨物の運搬及藏移

五　貨物の運搬及ひ庫移　保税倉庫に庫入又は庫移の爲め輸入手數未濟の貨物を運搬せんとするときは回送願書二通を其發送地の税關又は税關支署に差出し檢査を經て回漕免狀を受くるを要す藏置の貨物を外國に積戻すときに於ては(回送を要するものなるときは同手續によりて回送免狀を得ざるべからず)積戻願書を船積港の税關又は税關支署に差出し(回送を要するものは回送免狀を添付するを要す)積戻免狀を受けざるべからず藏置貨物を庫移せんとする時は庫移願書を税關又は税關支署に差出し庫移免狀を受くべきものなりとす尤も庫移の爲めに回送を要する塲合にありては回送手續を經べきものなるが故に別段に庫移手續をなすを要せず

保税倉庫より若しくば保税倉庫に輸入手數未濟の貨物を運搬するときは總て

命令の定むる處の通路を經由すべきものにして此の規程に違背したるときは其貨物を沒收し若し既に讓渡し又たは消費せる後なるときは其代金を追徵せらるゝの制裁あり

輸入手數未濟の貨物を運搬するときに稅關又は稅關支署に於て必要と認定する時は貨主をして回送貨物に對する輸入稅金を假納せしむる事を得べし(嘗つて陳べたり)斯くて回送貨物仕向港に到達したるときは其回送免狀に仕向港稅關又は稅關支署の證明を受け其送地の稅關又は稅關支署に差出し假納稅金の拂戾を請求するを得べし(假納せるものなる時は)回送貨物一年を經過(陸揚申告より起算して)するも尙ほ仕向港に到達せざるときは仕向港を經由せずして輸入したるものと見做し其貨物に對する稅金を徵收す若し假納稅金を納付せるものなるときは之れを以て稅金に充當せらる此の手段は密輸入を防止するの目的に出ずるものなる事は甞つて之れを陳べたり

尙ほ運搬上一の制限とも云ふべきは稅關又は稅關支署に於て必要と認むるときは貨物運搬中稅關官吏をして之れを監督せしめらるゝ事あるべきの規定な

り然しながら是れ法に存して實際には餘り行はざるの事なるべきか

輸入税及手數料等

六輸入税及手數料　保税倉庫藏置中の貨物は輸入の際に税金を納付するものとす藏置期間即ち滿一ヶ年を經過するも尙ほ引取者なきときは官設倉庫にありては無請求品として之れを公賣し其代價中より輸入税を控除し私設倉庫にありては庫主をして納税せしむるものとす此外私設保税倉庫の庫主は藏置中の貨物にして盜難に罹り又は紛失滅失したるときと雖も尙ほ納税の義務あり(後節參照せよ)

納税の義務者は貨物の所有者にして官設保税倉庫に藏置中の貨物は預證劵の流通によりて其所有權を移轉するものなり輸入税は總て庫入の日に於て行はるゝ處の法規によりて徵收せられ之れと同時に課税の標準は引取の時期如何に拘はらず庫入當時の性質及數量に依るものとす只だ藏置中は未だ輸入したるものと見做さゞるが故に單に此點よりして之れを論ずれば保税倉庫より引取輸入するの時に於ける性質、數量を以て標準とするを適當となすが如し然りと雖も元來此種の貨物を輸入せるものと見做さゞる所以は或便宜上未だ輸入の手數を濟まさゞるが爲めにして課税標準を決するの時期如何の問題とは自づから別問題といはざるべからず加之ならず曾つても論述せしが如く當初より輸入の目的を以て庫入したるものにありては庫入の日が即ち本來の輸入日にして或る便宜上の制度の爲めに此種の貨物に限り直ちに輸入したる貨物に反して獨り後日に於ける性質數量によりて徴收せらるゝものとなすは理由なき事柄といはざるべからず

手數料は庫入願書、庫移願書、積戻願書、藏置期限、延期願書、及回送願書を税關又は税關支署に差出すに當り毎件金貳拾錢を納付すべきものにして其金額相當の登記印紙を貼用するを要す尚ほ此の以外に手數料を納付すべき場合につきては後節に於て陳ぶべし

第二節　官設保税倉庫――預證券

預證券の發行は官設保税倉庫の特徴なり

官設保税倉庫は税關附屬の陸上設備の一として國家が經營する處なり其特徴は藏置貨物に對する預證券の發行にして私設保税倉庫にありては單に貨物藏

置を以て其主業となすものなり普通の保管倉庫にありては第二編に陳ぶる如く預證券の外に質入證券を發行すと雖も官設保稅倉庫に於ては質入の便宜は之れを有せざるものとす然しながら預證券の主たる作用は二者元より同一にして其流通は物權的効力を有し預證券の所持人は裏書讓受けによりて完全に貨物の所有者たる事を得其物權的効力の如何なるものなるやに關しては讀者須らく第二編に就きて參照あるべし

預證券の交付及要件

預證券の交付及要件　普通の保管倉庫にありては預證券は寄託者の請求を俟つて初めて之れを交付するものなりと雖も官設保稅倉庫にありては必ず記名の預證券を發行するものにして每品一通を本則とすと雖も貨主の請求あるときは分割して交付するを得るものとす又た一旦預證券を交付したる後ちに於て其一部を引取りたる時は預證券の書替を請求するを得預證券若し盜難に罹り又は紛失滅失したるときは其證券を發したる稅關又は稅關支署に屆出すべきものにして(發見の場合亦た同じ)民事訴訟法により除權判決の手續(公示催告をなし前證券を無效とする事)をなし再交付請求書に除權判決の抄本を添へ舊

證券發行稅關若しくは稅關支署に差出したる後初めて新證券を交付せらる此點に關しては新商法保管倉庫の塲合に於て擔保を提供して先づ新證券の交付を請求する事を得るの便法とは大に其趣を異にし舊商法の規定と其主義を同ふするものなり

預證券の分割再渡又は書換を請求するものは一通につき金三十錢の手數料を納付するを要す

預證券の要件　官設保稅倉庫に貨物の庫入を了したるときは稅關又は稅關支署は稅關長又は支署長の署名捺印したる預證券を交付し其證券面には

一　貨物の品名、記號、番號、個數、數量
二　陸揚申告及庫入の年月日
三　貨主の住所、氏名
四　倉庫所在地及番號
五　輸入稅額
六　庫敷料

の六事項を記載するを要す要件としての記載事項を一定するの必要は預證券の移轉に物權的効力を有せしめ其流通は單に債權的効力を生ぜしむるに止まらざればなり(第二編參照)

預證券の流通及貨物の引渡

預證券の流通及び貨物の引渡　預證券は裏書を以て自由に流通する事を得是れ預證券主要の効用にして經濟上最も有利なる作用の一なり裏書は讓受人の氏名及讓渡の年月日を記載し讓渡人之れに署名、捺印するを本法とするも便宜上讓渡人の署名、捺印のみを以て讓渡す事を得

預證券は通俗にいはゞ藏置貨物の代表物にして其所持人は獨り貨物引渡の請求權を有するに止まらず貨物の所有者としての物權的權利を有す故に證券の讓渡は即ち貨物の讓渡にして税關は讓受人を以て貨物の所有者と認め寄託者に對する總ての權利關係を以て之れに對抗する事を得(第二編參照)然しながら時としては預證券の所持人必ずしも貨物の所有者ならざる場合あり例之ば預證券が盜難若しくば他の事情の爲めに紛失又は滅失したる時の如し此場合に於て若し證券所持人に直ちに貨物の交付をなさんか眞正なる權利者は往々に

して不測の損害を蒙る事あるべし故に法は此場合に於ては特別の規定を設けて眞正なる權利者を保護する事をなせり即ち預證券紛失者にして其旨を屆出で除權判決により前證券を無効にするときは屆出人を以て權利者と認め之れに新證券を交付する事は曾つて陳べたるが如しと雖も若し紛失證券の所持人にして現出したるときは稅關は容易に其權利者を決定する事能はざるを以て所持人と屆出人の間に於て相當の手續をなして其權利者の確定する迄は保管貨物の引渡を停止するものとす

藏置期限は一箇年にして其間に預證券と引換に貨物を引渡すべきものなりと雖も前陳の場合等に於て引取上に訴訟あるときは元より例外として藏置期限の延期を請求せしめざるべからず之れ保稅倉庫法の明かに認むる處なり然しながら此場合以外に於て藏置期限を經過するも尙ほ引取主現出せざる時は稅關は之れを無請求品として取扱をなすものとす是れ豫め法規の明言する處にして預證券所持人の常に注意を怠るべからざる事柄なり

無請求品とするときは之れを公賣に付せざるべからず然しながら直ちに公賣

するは酷に失するものにして出來丈け貨主をして引取る事を得せしむるの機會を與ふるを適當とするが故に當該官廳は其貨物の記號、番號、品名、箇數等を公告し公告の日より滿六ヶ月を經るも尙ほ引取者なきときに於て初めて競賣を行ふ事を得斯くて競賣代金中より輸入税、公告料、競賣手數料、庫敷料其他一切の費用を控除したる後ち尙ほ殘金あるときは他日貨主に還付するものとす
藏置貨物は腐敗其他の事故により倉庫又は他の貨物を害するの虞ある事なきを保せず斯かる塲合に於て預證劵所持人の引取請求を俟つは彼我の不利益にして若し爲めに損傷を生ずるに至れば經濟上の損失といはざるを得ず故に損傷以前に於て之れを處分し終るの途を講ぜざるべからず而して其方法他にあらず税關をして貨主に引取を命ぜしむれば可なり然しながら貨主は預證劵の流通と共に誰人なるやを知る事を得ざるを以て其通知は公告を以てするを最も便法となす然るに公告も亦た其引取期限を定めざるときは往々にして其目的を達する事を得ざる事あるべきが故に必ず引取期限を指定すべきものにして若し其期限内に引取者現出せざれば當該官廳は貨物を滅却する事を得尤も

緊急の必要ありて其指定期限も尙ほ待つ事能はざる場合に於ては隨時之れを滅却する事を得べし

公賣の公告方法は關係關稅若くば稅關支署に揭示するの外に官報及ひ新聞紙に三日以上廣告するものとす

貨物滅却の場合にありては輸入稅を賦課せざるものなりとす是殆んど自明の理にして目的物存在せざるに課稅せらるゝ事あらざるなり

尙ほ一言すべきは官設保稅倉庫に藏置の貨物に係る運搬費、公告料其他貨物取扱上の一切の費用は總て貨主の負擔にして貨物庫出の際に稅關又は稅關支署に納付し以て政府に辨償すべきものなりとす

第三節　私設保稅倉庫

私設保稅倉庫の概念

私設保稅倉庫は輸入手數未濟の貨物を保管するを以て其目的となすものにして其結果保管倉庫とは其性質及作用を大に異にするものなり普通の倉庫は個人若くは法人の任意の組織に係るものにして私人の經營の下に營業するもの

営業の特許

なりと雖も私設保税倉庫にありては官廳の許可を受け其監督を受くべきものにして之れが庫主たるものは又た官廳に對して特別の義務を負擔するものなり次に又た普通保管倉庫は保管貨物に對して質入證券及び預證券の二者を發行し讓渡質入等金融上に各種の便宜あるに反し私設保税倉庫にありては質入證券は勿論預證券も亦た之れが發行を認めざるが如し(官設保税倉庫は曾つて陳べたるが如く預證券は之れを發行する事を得るが故に此の點は私設保税倉庫の一歩を輸する處なりといふべし)

第一　私設保税倉庫營業の特許

私設保税倉庫は其經營者が個人たると會社たるとを問はず必ず政府の特許を經ざるべからず蓋し此種の倉庫は特別の性質を有するものなるが故に國家が之れに對して十分に其監督權を行使せんには勢ひ自由設立の主義に據らしむる事能はざればなり

特許は大藏大臣の付與する處にして營業せんとするものは其倉庫の位置、構造、棟數、坪數、藏置すべき貨物の種類、營業年限を記したる書面及倉庫並に附近の圖面を添へ其倉庫を設立せんとする地の管轄地方廳を經由して大藏大臣に出願するを要す出願者會社なるときは已に設立せるものは別に契約書又は定款の謄本を提出すべく新たに組織せんとするものは合名會社及合資會社にありては社員より其契約書の抄本を添へ株式會社なるときは發起認可書及び假定款の謄本を添へて發起人より願出すべきものとす

特許は三十箇年以内に於て相當の期間を定めて之れを付與するを本則とし若し期限延期を出願するものある場合には調査の上更に之れを許可する事あるべき例外を認めたり

特許の消滅

私設保税倉庫營業特許の消滅　營業特許の消滅すべき場合は

一　庫主其營業を廢したるとき

二　庫主死亡したるとき

三　庫主産破の宣告を受けたるとき

四　特許の期限滿了したるとき

五　主務大臣に於て特許を取消したるとき

尤も前營業者の業務を引繼がんとするものあるときは特許消滅後一箇月以內に營業の特許を出願し更に特許を受くる事を得べし

營業特許消滅事項中特許の取消と稱するは保稅倉庫法第三十條の規定する處にして其原因は必ず左の三場合に限るものとす

一　業務に關する法律、命令に違背したるとき

二　庫主輸入稅の負擔に堪へざるの疑あるとき

三　庫主重罪輕罪の刑に處せられたるとき

第二擔保の供託

私設保稅倉庫の庫主は其保管貨物の輸入稅に付き一切の責任を有すべきものにして其結果命令の定むる處に從ひ擔保を提出せざるべからず擔保の提出は營業の特許を得たる後ち開業日前少なくも十日間に金錢又は有價證券を供託する事を要す今其割合に付きて陳ぶれば

平家建總坪數百坪迄　金二千圓但し五十坪を增す每に金千圓を加ふ

二階建總坪數百坪迄　金三千圓但し五十坪を增す每に金千五百圓を加ふ

尤も石油を藏置する倉庫は以上の半額とす其理由は聞く處によれば石油は本邦重要輸入品にして倉庫は特別の設備を要するにも拘はらず官設倉庫は之れを藏置せざるが故に私設保税倉庫をして之れを保管せしめんには是非とも是れが設立を容易ならしめざるべからずといふにありといふ

擔保は私設保税倉庫の坪數增加又は構造變更の爲め其の增加を要するときは税關長又は税關支署長の指揮に從ひ其增加部分々相當の金錢又は有價證劵を供託すべく其坪數を減少又たは構造の變更により過剩を生じたるときは其減少を請求する事を得

尙ほ擔保供託及受戾の手續に付て述ぶれば擔保は必ず開業十日前に供託し供託受領證を得たるときは其抄寫を添へ税關又は税關支署に屆出ずるを要す受戾は庫主に關する義務の解除せるに至りて初めて之れを請求する事を得るものにして請求の際には税關長又は税關支署長の附與せる義務解除の證明を添ふべきものなりとす義務の解除は營業特許の消滅と共に行はるゝものにあらず此事は必ず後段に陳述すべきが故に就て參照すべし

輸入税に關する庫主の責任

第三　輸入税に關する庫主の責任

私設保税倉庫の庫主は輸入税の納付に關して一切の責任を有するものにして天災事變其他何等の事故に因るを問はず貨物紛失、滅失若しくは盗難に罹るも其責任を免るゝ事能はずこれ元より庫主本來の責務にあらずと雖も輸入手數未濟の貨物を藏置する事を得るの特許に對して政策上庫主をして輸入税の納付を確保せしめ保管上の義務を完からしむるの精神に出でたるものなり尚ほ保管貨物にして庫入の日より一ヶ年を經過するも引取者現出せざるときは庫主は其輸入税を納付せざるべからず是れ官設保税倉庫に於て此場合に無請求品として處分する事を得るに對する規定にして庫主が荷主に對するこれが求償の關係につきては元より保管規則の定むる處によるものとす

業務執行

第四　業務の執行

私設保税倉庫に藏置する事を得る貨物の種類は必ず大藏大臣の認許せるものに限り任意にこれを定むるを得ず從つて其變更は更に其許可を經るを要す庫主は又た自己に所屬のものを藏置する事を得ず是れ現時一般倉庫營業の觀念

上何人も疑はざる處なり倘ほ一の制限は貨物中發火質、燃燒質、又は爆發質の貨物は特に設置したる倉庫の外之を保管する事を得ず此規定も亦た當然の事にして他の貨物の保護上斯くするの必要ありといふへし

藏置中營業の特許消滅したるときは當該官廳は其旨を公告すべきにより庫主は其指定期間内に貨主をして其貨物を處分せしむるを要す(營業引繼の場合は此限にあらず)若し指定期間を經過するも貨主之れが處分をなさゞる時は貨主の費用を以て其貨物を官設倉庫又は他の私設保稅倉庫に庫移すべきものとす然るに此場合に庫主及相續人の責任は特許と共に消滅するものにあらずして貨物の引取迄は勿論庫移の終了迄は解除せらるゝ事なし庫移終了迄倘ほ責任ありとなすは庫主にとりては少しく酷なるの感なき能はずと雖も元來庫移せられたる新倉庫の責任は庫入と同時に發生すべきものなるが故に若し庫移中も舊庫主をして其責任を有せしめずんば何人も之れに對して責任を帶ぶるもののなきを以て止むを得ざるの結果といはざるを得ず但し貨主は指定期間内に引取をなさゞるの怠慢は免るゝ事能はざるが故に必ず新保稅倉庫の諸般の規

則慣例を遵守するの義務あるものとす

私設保税倉庫の庫主は又た貨物藏置中異狀を呈したるときは其旨を税關又は税關支署に屆出で其點檢を受くべき義務あり之れ私設保税倉庫が税關の監督の下に營業するの結果に外ならざるなり尙ほ貨物の保管規則及庫敷料等も亦た庫主の任意に出ずる能はずして必ず主務大臣の認可を受くるにあらざればこれを定むるを得ず若し違反したるものあるときは五圓以上五十圓以下の罰金に處せらる

業務は庫主自づから擔任するを本則とするも然らざるときは相當の代理者を置きて擔當せしむるを要す尙ほ其業務に從事する者の氏名は就職、變更共に庫主より之れを屆出でざるべからず其他私設保税倉庫內若しくは構內に出入する庫主の雇人又は使用人夫に付きては庫主に於て相當の取締方法を設くるを要す(官設保税倉庫の藏置貨物の取扱に從事する人夫は豫め税關又は税關支署の承諾を得たるものに限る)

私設保税倉庫には二重鎖鑰を設け其鑰一個は税關又は税關支署の保管に付し

倉庫の開閉又は貨物の出入をなすには稅關官吏の立會を受けざるべからず當該官廳の許可を得ずして貨物の出入をなしたるときは制裁を加へらるゝ事は曾つて陳べたる處なり

第五檢査

檢査は倉庫、貨物及帳簿書類に關するものゝ三あり倉庫に關するものに付きては私設保稅倉庫の營業特許を得たる時は開業前に又た倉庫の改築、構造變更若しくば增減したるときは認許を得たる後工事落成の時に於て檢査せらるゝものにして設備の完否如何を視ると同時に供託擔保の額を決定するに必要なり貨物及帳簿書類に關しては當該官吏に於て監督上必要と認むるときは何時にても之れを檢査する事を得るものにして其檢査を拒み又は之れを忌避し或は支障を加ふるときは二圓以上二十圓以下の罰金に處せられ尙ほ刑法に正條の存するものは刑法によりて制裁を加へらる

貨物の檢査に關しては庫主は稅關長又は稅關支署長の指揮に從ひ檢査上必要の場處を設け器具機械其他相當の設備をなす等其他檢査上一切の便宜を與ふ

上屋

るの義務あるものにして當該官吏は倉庫に就きて嚴密なる檢査を行ふ事を得
尙ほ檢査は必ずしも藏置中の物に限らず運搬の途中にある場合と雖も其所在
地に於て檢査する事を得べし
帳簿の檢査(帳簿は私設保稅倉庫の庫主之れに藏置貨物の出入を明亮正確に記
入すべきものなり)に付きて必要あるときは庫主は其要求に應じて之れに關係
する諸般の報告書を提出するの義務を有す
以上本節及び前節に於て吾人は官私保稅倉庫の大躰を陳述せり要するに嚴
重なる國家の監督權の下に行動するものなるが就中私設保稅倉庫に於ては
其作業最も窮屈にして漸次商業の發達につれ自由倉庫法の制定は近き將來
に於て必ず其必要あるに至るべし
尙ほ保稅倉庫と稱すべからざる一種の稅關附屬の倉庫あり之れ元より特別
の法規によりて組成する處にあらずして實際上の必要より設置するものな
り即ち從來より存在する處の所謂稅關の上屋と稱するもの之れなり上屋と
は庫擔(即ち藏敷料の事)を徵收せざる處の貨物藏置場にして貨物陸揚後二十

四時間は何人も之れに入荷する事を得若し此期間を經過するも尙ほ貨主之れを引取らざるときは稅關は其貨物を假倉庫に移轉するものとす然れども移轉後四十八時間內は依然として藏敷料を徵收せざるを成規とす然るに此期間經過するも亦た引取らざるときは玆に初めて藏敷料を徵收する處の本倉庫に移轉せらる現今上屋は他の陸上設備と共に一般に不完全にして商人は之れが整備を希望し居るといふ

第十一章　關稅警察及犯則處分

國家か稅關によりて達せんとする特別の目的は或程度の監視權を附與せざるにだては之れを遂ぐる事能はざるは實例の證する處にして所謂稅關監視權は各國法の何れも認むる處なり其組織は元より同一にあらず伊國の如きは軍隊的組織によりて嚴重なる監督を行ふと雖も帝國の如きは稅關長の下に監視官ありて其指揮を受け關稅警察及び犯則處分に關する事務を管理する事となし帝國稅關法第四章稅關官吏の職權第七章犯則事件の調査處分と題する規定に

税關官吏の職權

於て主として本問題に關する税關監視權の發動を示せり乍然税關の如き國家の特別機關に屬するものは所謂普通機關と稱するものに反して其權限は常に狹義の推測を受くるものたるを原則とするが故に之れに關する法規は元より嚴重なる解釋を採らざるべからざるなり

税關法第四章に就きて見るに職權中税關長に專屬のものと否らざるものあり然しながら其職權は何れの場合に於ても當該官吏の必要と認むるときに發動し毫も制限する處なし只だ其發動の方法程度に付きては規定外に出ずる事能はざるなり税關長に專屬するものにありては船車の出發を差止め又は進行を停止するの禁令の形に於て行はるゝものと船舶若しくば貨物に關する書類を提出せしめ又は輸入物品の見本を納付せしむる命令の形に於てずるものゝ外に運送貨物に對して監督處分をなす事を得るにあり税關長は又た其職權執行上塲合によりて必要と思惟するときは海軍の援助を請求する事を得而して海軍艦船長は此の請求ありたる塲合には船舶に對して進行停止の命令を發し尚ほ停止せざるときは兵力を以て之れを强制するを得

税關官吏は船車に乘込み必要なる監督處分をなす事を得るの外に貨物を檢査若しくば封鎖し又は船車倉庫其の他貨物藏置塲の封鎖を行ふ事を得

犯則事件の調査

犯則事件の調査　犯則事件調査は臨檢、捜索及び訊問の手段に依る然しながら何人も税關官吏の制服を着用せず又たは其資格を證明するの證票を携帶せざるものによりて調査せらるゝ事なし何となれば臣民は國法上の職權を有せざるものに對して服從義務を有せざればなり

臨檢捜索は船車、倉庫其他の塲處に於てなす事を得るのみならず犯則の事實を證明するに足るべき物件を身邊に藏匿するものありと思料するときは其開示を求め若し之れに應ぜざるときは身邊に就きて捜索をなす事を得尙ほ税關官吏にして必要なりと認むる塲合にありては警察官吏の援助を請求する事を得べし捜索上一の制限とも見做すべきは捜索は税關官吏之れを單獨に行ふ事を得ず必ず立會人を置かざるべからず即ち船車、倉庫其他の塲所の所持人(船車の塲合にありては其役員をして立會はしむる事を得)又は所持人同居の親族傭人又は隣佑にして成年者たるもの若し之等の者在らざるときは其他の警察官吏

若しくは市町村吏員をして立會はしむるを要す是れ臣民の權利を重んずると同時に官吏の私曲を豫防するの趣意に出でたるや明かなり
稅關官吏は又た犯則事件調査上必要なるときは犯則者、證人、參考人を訊問する事を得るものとす之れ亦た臨檢搜索と共に監視權執行上欠くべからざるの手段なり
稅關官吏以上の手段により調査を了したるときは調書を作製して稅關長に報告せざるべからず調書には臨檢、搜索又は訊問の事實、場所及時期並びに供述の要領を記載し搜索の場合にありては立會人、訊問の場合にありては訊問を受けたるものに差示し調査官吏は之れ連署して差出さゞるべからず若し立會人又は訊問を受けるものに於て之れに署名を肯せず若しくば署名する事能はざる場合にありては其旨を附記するを要す

處分

處分に關しては稅關は最後の處分を强制するの權を有せずして差押及び履行催告の後ち告發を以て最終とす稅關官吏調査手段によりて發見し得たる物件にして犯則の事實を證明するに足るべしと思料したるときは之れを差押へ差

差押

押官吏之れに封印して差押目錄を作るを要す差押目錄には物件の品名、數量、差押の場所及時期、物件所持者の住所又は居所、氏名を記載すべきものとす差押物件は便宜上所持者若しくは市町村役塲に保管せしむる事を得るものにして此塲合には所特者又は市町村役塲より受領證を徵し若し市町村役塲に保管せしめたる時は其旨を差押當時に於ける所持者に通知するを要す

差押物件は時としては腐敗其他損傷の虞ある塲合なきにあらず此塲合に於て適當の處分を施さしむるは公益上必要なるが故に公賣して其代金を供託する事を認めたり公賣は普通の塲合と同じく必ず先づ公告すべきものにして公告には物件の品名、數量、競賣の事由、其塲處及時日其他必要の事項を記載するを要す(稅關官吏は直接と間接とを問はず之れを買受くる事を得ざる事は曾つて陳べたる處なり)

差押は又た現行犯に對する塲合の外は日沒より日出の間は之れを行ふ事を得ず(搜索及臨檢の塲合亦た同じ)而して稅關官吏は犯則者に對して差押其他の處分中は何人に限らず許可したる塲合の外は其塲所に出入を禁ずる事を得是れ

處分の目的を達するには必要の制限にして然かも臣民の自由に關する重大事項なるを以て法は特に其權利を附與せり

税關長は犯則事件の調査により犯則の心證を得たるときは其理由を明示し罰金若くば科料に相當するものなるときは其金額、沒收に該當するものなるときは其の物品、徵收金に相當するものなるときは其金額を示し尙ほ犯則に關する詳細の事實、物品の數量、納付の場所、及期間を記載したる處分通知書を送達して犯人の履行を請求す（送達は使丁若しくば書留郵便によりて之れを交付し受領證を徵す）犯則者此通告を受領したるときは五日以內に履行をなすべきものにして其手續を完了せば處分は全く玆に終結するものとす從て犯則者は同一事件に付きて再び訴を受くる事なし

處分の履行に付きて一の例外は沒收物品を市町村役場に保管するの場合にして此の時に於ては其儘納付手續を行ふものとす

告發

告發の場合に三あり

一　期間內に犯人履行せざるとき

二　稅關長に於て處分の通告をなし難しと認むるとき
三　設令通告をなすも其旨を履行するの資力なしと認むるとき
以上の場合に於ては稅關長直ちに之れを告發すべきものにして告發の際若し差押物件あるときは差押目錄と共に事件を裁判所に引繼くを要す(差押物件所持者又は市町村の保管に係る場合又は差押物件引繼の旨を保管者に通知すべきものとす)

第十二章　處分に對する救濟手段

本章に論ぜんとする處は稅關長の處分に對する法律上の救濟手段なり抑も行政處分の取消、變更は法律上臣民に附與せる救濟手段によりてのみ取消、變更せらるゝものにあらず處分をなせる官廳自身に於て若しくば上級の監督官廳よりその處分が違法なりし爲め或は私人の利益を害するか爲めに之を取消變更する事あり或は私人の請求によりて然る事あり私人は亦た處分をなせる官廳又たは監督官廳に向つて其取消變更を請求するも毫も法律上妨なきものなり然しながら斯かる場合に於て官廳は私人の請求を受理するの義務あるにあらず其取消變更をなしたるは單に官廳自身の意思に基くものにして官廳は啻に之れを取消變更せざるのみならず或は全く私人の請求を顧みず當初より處分の當否を審理せざる事あるべきなり反之法律が一旦救濟手段として臣民に或方法を許したるときは官廳は最早之れを受理せざる事能はず而して其處分を取消變更すると否との結果如何を問はず必ず處分の當否を再審するの義務あるものとす是れ法律上の救濟手段たる効果の顯著なる處なり

税關長の處分に對する救濟手段として税關法が私人に附與せる處の權利は

一　異議の申立

二　訴願の提起

の二者にして私人が此等の權利を行使するに當りては税關長若しくは上級官廳は必ず再審せざるべらず

一　異議の申立

異議の申立

異議の申立をなし得る場合は訴願提起の場合に反し税關長の處分の全般に亘

りて之れをなすを得ず其事項は單に關稅の賦課に關する處分にのみ附きて再審を求むるを得異議は又た訴願の監督廳に對して提起するを普通とするに又して稅關長に對してのみ之れを申立つべきものとす
關稅の賦課に關する稅關長の處分に對して不服なる者は處分の日より十日以內に申立書を稅關長に差出す事を得然しながら已に貨物を引取りたる後は申立の權なきものとす蓋し異議は主として事實上の再審に係るか故に一旦引渡を了したるときは審査上の難問を惹起し濫申の弊を生すべければなり
異議の申立書に不服の要領、理由、要求及處分を受けたる年月日を記載し附屬書類又は物件あるときは併せて表示するを要す
稅關長の判定は異議者の住所又は居所、氏名、異議申立の要領、判定の理由及び判定主文を記せる文書を以てし使丁又は書留郵便を以て申立者に交付し其受領證を徵するものとす異議者の住所、居所不明なるか又は其他の事故により判定書を交付し能はざるときは要領を揭示し七日を經過せるときを以て判定書の交付をなせるものと看做す

異議判定の例外方法

判定上例外の場合は從價税を賦課すべき貨物の課税價格に關する異議を不當と認めたる時にあり即ち税關長は(一)申告價格に其百分の五を加へたる價格を以て其貨物を買上るか若しくば(二)評價人をして評價せしむるかの二途何れかを採らざるべからず

買上

買上の方法は濫りに異議を申立つるの弊を防止すると同時に税關長をして異議の判定上責任を有せしむるの目的に出ずるものなり殊に此種の異議は税關に於て申告價格を割安と認むるより生ずるものなるが故に申告者は五分の割増を以て買上けらるゝに於ては毫も不利益を蒙る事あるなし乍併税關長は必ずしも買上を行ふの義務あるにあらざれば之れを欲せざる場合には更に他の方法を採る事を得べきものにして其方法は第二種の評價之れなり(税關は買上又は評價をなすときは之れを異議者に通知すべきものとす)

評價

評價人の撰定　評價人は四人を以て組成し二人は税關長之を命じ他の二人は異議者撰出するものとす但し異議者の撰出に係るものは税關長之れを認可するを要す異議者が撰出をなすには貨物評價の通知を受けたる後七日以内に之

れを撰定し其の職業、住所又は居所、氏名を申告し、稅關長の認可を受くべきものにして(期間は異議者の申請に依り稅關長必要と認めたるときは延長するを得)稅關長之れを不適任と認むるときは更に期間を指定して其改撰を行ふ事を得斯くて稅關長に於て評價人を認可するに至れば評價の時期及場所を指定して之れを異議者に通知するものとす

評價人の資格　評價人は公の職務を行ふものなれば適當なる信用を具有するものならざるべからざるは言を俟たず故に稅關法は其第六十四條に於て其資格を消極的に限れり即ち左の事項に該當するものは評價人たるを得ざるものなり

一　身代限の處分を受け債務の辨濟を終へざる者及び家資分散若しくは破產の宣告を受け其確定したるときより復權の決定確定するに至る迄の者

二　稅關法第七十四條乃至第七十六條の處罰を受け滿三年を經過せざる者(第七十四條は輸入禁制品の輸入に關するもの第七十五條は關稅の逋脫

に關するもの第七十六條は免許を受けざる貨物の輸出入に關するものなり）

三　剝奪公權者及停止公權者

四　當該事件に利害の關係を有する者

評價及其效果

評價及其效果　評價價格は評價人の一致を以て之れを決するものにして若し一致を欠ぐときは例外として各評價の平均額を以て之れを決定す評價終了したるときは評價人は評價の理由を詳記したる評價書を作り之れを稅關に通知するを要す評價價格は課稅價格として決定力を有し稅關及異議者共に之れによりて拘束さるゝを本則とす唯だ一の例外は評價價格が申告價格より低卑なる塲合にありては申告價格を以て課稅價格となす之れ異議者當初の納稅意思を貫からしむるものにして啻に異議者に不利益を崇らしむる事なきのみならず又た實際評價上に生ずる事あるべき獘害を防遏する一手段なりといふべし

評價の費用負擔

費用の負擔　評價に關して費用を要する事は勿論にして其負擔の歸する處は豫め之れを定めざるべからず是れ法が特に明規する所以なり抑も異議は素と

異議の申立と處分の執行

納稅者の利益の爲めに申立つるものにして評價は全く其結果なり故に此點のみよりして之れを論する時は其費用は擧げて異議者の負擔となすを穩當なりとなすが如し然しながら評價は稅關と異議者が其意思を合致する事能はざる場合に行ふ處の法定手段にして一方の利益の爲めにのみ存ずるものにあらず其利害の關係する處は全く雙方にあり故に一方に於てのみ之れか負擔を蒙る事あるべき理由なきものといふべし是れ稅關法に於て異議者の選定したる評價人に關する費用のみを以て異議者の負擔となせる所以なり

尙ほ一言すべきは異議の申立は處分の執行を停止せざる事之れなり是れ恰も訴願の提起が當然處分の執行を停止せざると同理由に基くものにして處分の執行は元と職權を有する官廳が取消し又は停止をなすに及び初めて效力を失し又は其效力を停止するものなり故に異議申立の判定に至る迄は處分の執行は繼續するを本則とす然しながら稅關長に於て必要と認むるときは例外として之れを停止するを得

二　訴願

訴願

訴願は法が私人の權利として附與したる處の救濟手段にして税關長の處分に對して不服なる者の提起し得る處なり其目的とする處は處分の當否を再審し其結果により之を取消し若しくば變更するの行政處分を求むるにあり故に訴訟の如く各個の場合に於て法の確認を目的とするものにあらず

訴願法によれば法の認許せる場合の外は訴願を提起するを得ざるものにして税關法に於ては明かに私人に此權利を認めたり故に税關長の處分に對して提起し得る訴願は訴願法と税關法と相俟つて之れを研究せざるべからず

訴願を提起し得る場合

一　訴願を提起し得る場合は税關長の處分に對して不服ある場合なり異議の申立は關税の賦課に關する場合に限れりと雖も訴願は之れに反して廣く税關長の處分に付き各種に亘りて提起する事を得

訴願提起者

二　訴願の提起者は必ず其處分に對して服從の關係を有するものならざるべからず之れ税關法第六十條の明記する處にして換言すれば税關長の處分によりて法律上の效果を受くべき者よりして提起するを要す

訴願を提起すべき官廳

三　訴願は通則として處分をなしたる官廳に對して監督權を有する上級官廳

訴願提起期限

に向つて之れを提起すべきものなり而して稅關長の處分に對するものは其監督官廳たる大藏大臣に提起する事を要す然れども訴願は一旦裁決を經るも裁決は亦た一の行政處分なるが故に裁決の處分に對して更に訴願を提起する事を得然るに各省大臣の處分に對する訴願は當該大藏大臣に提起すべきものなるを以て大藏大臣の裁決に對して不服なるものは大藏大臣に向つて又た訴願する事を得べし之れ訴願法の規定によりて疑なき處なり

四　訴願は一私人に權利として附與したる處にして單に監督官廳の任意なる職權行使を求むるものにあらず之れ曾つて陳べたる處にして訴願は必ず之れを受理し裁決せざるべからず故に若し其提起に關して一定の期間の存せざるときは行政處分によりて一旦生じたる權利は他に訴願權の存する爲めに常に不安の狀態にあるものといはざるべからず即ち私人の利益を保護するの目的を以て設けたる訴願の制度は反つて一方に於て權利の安全を害するの結果を來す事となるべし故に訴願の權利を認むる以上は必ず之れが提起期限を認むるの必要あり而して稅關法には此事に關して格別の規定は存在せずと雖も

訴願法によれば法律命令に別段の規定なきときは其期限は處分を受けたる日より六十日以内とあるを以て此場合に於ける訴願も亦た之れを以て其提起期限とせざる事を得ず

訴願に被告人なし

五　訴願には被告なるものなし之れ行政訴訟と大に其性質を異にする處にして訴訟は權利の爭あるに當り法の確認を目的とするものなりと雖も訴願は之れに反して權利の爭にあらざるなり從つて稅關長は被告にあらず

訴願提起の形式

六　訴願は文書を以て提起し行政廳に於て必要と認むるときの外は口頭審問を行はず然ながら訴願は必ず稅關(處分したる官廳)を經由して大藏大臣に提起すべきものにして稅關長は之れに說明書を添へざるべからず

訴願の效果

七　訴願の提起は其處分の執行を當然停止するものにあらずして職權を有する官廳より若くば訴願者の願により例外として之れを停止する事あるべき事は曾つて陳べたる處なり

訴願の裁決

八　訴願の裁決は文書を以てするも其實質四あり

一　却下

二　是認

三　取消

四　變更

大藏大臣の採決は直接其效力を生じ稅關に向つて處分を命するものにあらず何となれば訴願は上級官廳の行政處分を求むるものにして裁決は大藏大臣自づから行政處分を行ふものなればなり却下は稅關長の處分を是認するものにあらずして裁決をなさゝる事を告知すると同時に處分が訴願によりて再審を求むべきものにあらざる事を決定するものなり是認は稅關長の處分は將來に於て效力を保持するものなり然しながら是認したる後に於ては其處分は大藏大臣の意思によりて效力を有するものなるが故に稅關長は最早自個の意思を以て任意に取消變更する事を得ず取消は稅關長の處分をして將來に效力を失はしむるものなり然しながら其失效は其特定の件に關してのみ效力を失ふものにして稅關は之れと同一の事件に關し以前と同一なる處分をなし得る事は決して違法にあらず變更は稅關長の處分の全部又は一部を取消し大藏大臣の

訴願の審査委員會

處分を以て之れに代ふるものにして一部取消の場合に於て税關長の處分を是認したる部分も亦た大藏大臣の處分として效力を有するものなりとす
以上は主として訴願法の適用を陳べたり尙ほ精しきは同法に就きて參照するを要す尙ほ一言すべきは税關法に特別規定として存する處の訴願委員會の事にして大藏大臣は訴願を受理したるときは必ず之れが審査をなさしむるを要す
審査委員會の組織は本年六月十二日勅令第二百四十九條の定むる處たり即會長一人、委員九人を以て成る常置の者にして會長は大藏次官、委員は大藏省高等官三人、帝國大學敎授三人、農商務省高等官二人、司法省高等官一人を以て之れに充つ尙ほ特別の必要あるときは以上の定員外に臨時委員を命ずる事を得委員は大藏大臣の奏請を俟ちて內閣之れを命じ會長事故あるときは其指名したる委員をして事務を代理せしむ委員の外に大藏省高等官より幹事一名同屬官より書記二名を置き諸般の事務を取扱はしむるものとす
委員會は過半數の委員出席するにあらざれば決議を行ふ事を得ずして決議は

出席委員の過半數に依りて之れをなし可否同數なるときは會長の決する處による尙ほ一の制限は議事に利害關係を有する處の委員は出席するを得ざるものとす

委員會にて審査を了したるときは其結果を大藏大臣に具申す然しながら大藏大臣は其結果により法律上拘束さるゝものにあらず

第十三章　制裁

税關法上の制裁は皆な財産刑なり

税關法上の制裁とは税關法規に對する服從義務を犯せるものに對して蒙らしむる處の罰にして元より刑法上の制裁の如く法の保護する利益を侵害し又は其利益に危害を及ぼす者に對する處分にあらず從つて其罰として蒙らしむる處の方法も自のづから差異あり今税關法其他税關關係の法令に就きて之れを見るに(本章論ずる處の制裁は所謂税關法の罰則のみにあらず廣く税關關係の法令に亘るものなり)處罰の方法は三種に過ぎず即ち罰金科料及沒收にして其の形躰は等しく財産刑なり故に税關法上の制裁は財産刑の外なきなり

罰金と科料は財産刑中金錢刑に屬するものにして二者の區別は刑法に於ては金額の差異の外に他の刑質の區別あり(罰金は輕罪の主刑にして時に附加刑たり科料は違警罪の主刑にして主として補充刑たり)然れども税關法には元より刑質の區別あるにあらざれは二者の區別は必ずや金額の差異にあり金額の差異は他の行政法規に於ては應々刑法の例によらざるものありと雖も税關法に於ては格別明記する處なきが故に刑法の例に倣ひ罰金は金貳圓以上科料は五錢以上壹圓九十五錢以下なりとす

沒收は亦た一の財産刑にして現時の觀念に從ひ特別沒收のみ行はる刑法に於ては沒收は其實質に種々の區別ありと雖も税關法の沒收は犯則者の所有に係る場合にのみ行はる故に其結果として一種の金錢刑を生ぜり即ち犯則者若し已に其貨物を他へ讓渡又は消費したるときにありては其價格相當の金額を犯則者より徴收するものとす

單一の處爲にして税關法及他の法令に觸る場合

單一の行爲にして税關規則及其他の法規に觸れたる場合に於て二法によりて同時に處罰さるゝものなるや若し何れかの一法に據るへきものとするときは

單に行爲の結果のみによりて處罰する塲合

何れの法規を適用すべきやは豫め決定し置かさるべからず故に稅關法に於ては其第七十四條及び第七十八條に明かに規定して他の法律に別に刑の存する時は其刑に從ふべき旨を命ぜり例之ば阿片を輸入したるものは刑法により有期徒刑に處斷せらるべく稅關法の處罰は受くる事なし此點に付きては大に舊稅關法に比して輕減せられたり即ち舊稅關法には往々他の法律の適用を妨げさる旨を附記せり例ば舊稅關法第十一條の如きは藏匿品にして若し阿片なるときは刑法の阿片に關する罪をも適用するを得へかりしが如し

稅關法の處罰は又た應々單に行爲の結果によりてのみ之れを課する事あり即ち稅關法第七十七條乃至第八十一條に該當する處の處爲は啻に犯人に故意の有無を問はざるのみならず又た不注意に出でたるの理由を以て之れを免るゝ事を得ず之れ稅關法の明かに規定する處なり蓋し之等の犯則處爲は普通の能力を有するものゝ殆んどなし能はざる處にして不注意其れ自身に於て既に制裁を價するものといふべし

制裁は又た單一の處爲に對して二罰を併せて加ふる事あり或は單に一罰に止

處罰の躰容

まる事あり二罰併行するものにありては必ず金錢刑の一に沒收を加ふるものにして單行罰にありては金錢刑の一に處するものなり前者は例ば稅關法第七十四條及第七十五條の規定(輸入禁制品の輸入を圖り又は其輸入をなしたる時及關稅の逋脫を圖り又は逋脫したる時)の如し法文中に罰金若くば科料に處する云々とあるは其金額を定むる能はざるが故にして(定め得る場合には金額を明示せり)事實上の問題によりて罰金ともなり又は科料ともなり得る者なればなり例ば犯則に係る貨物の原價相當の金錢刑なる場合には其原價にして若し二圓以上なるときは罰金とし一圓九十五錢以下なるときは科料となすか如し然るに實際の計算上往々にして二圓以下一圓九十五錢以上なる事あるべし斯かる場合には刑法の原則上科料に處分するものとす

如何なる場合に如何なる制裁を加へらるゝやは今茲に詳はしく陳述するの必要なし讀者宜しく稅關法保稅倉庫法噸稅法其他稅關々係の各種法令に付きて參照あるべし

第十四章　臺灣の稅關

臺灣稅關の管掌

稅關法其他各種の稅關々係の法規は臺灣總督府令を以て率ね之れを臺灣に施行する處となりしを以て臺灣稅關の實質は內地稅關と其大躰に於て甚しき差異なし然れども又た特別なる事項も鮮少にあらざるが故に本章は之等の事項の爲めに特に設けたる處なり

臺灣の稅關は臺灣總督の管理する處にして內地稅關に於て主務大臣に關する事項は臺灣にありては總て臺灣總督の關する處なり而して臺灣稅關の管掌する處は

一　關稅、噸稅、出港稅及稅關法諸收入に關する事項
二　保稅倉庫其他の倉庫に關する事項
三　船舶及貨物の取締に關する事項
四　關稅規則及噸稅規則犯則者の處分に關する事項
五　關稅通路の取締に關する事項

開港場

以上に就て之を見るに內地稅關の管掌事項中の酒類造石稅、醬油稅の戾稅及葉煙草輸出交付金なるものは之を刪除せり是れ臺灣に其必要なきが故にして其代り出港稅なるものゝ徵收を加へたり出港稅に付きて何れ後段に陳述する處あるべし

開港は十二港あり其中無制限のものは

淡水　安平　基隆　打狗

の四港にして稅關所在地なり制限付のものは

臺北縣管下　舊港　臺中縣下　後壠
臺中縣管下　梧棲　臺中縣下　鹿港
臺中縣管下　下湖口　臺內縣管下　東石港
臺內縣管下　東港　澎湖廳管下　媽宮

の八港なり其制限といふは支那形船舶に限り出入する事を得るにあり之等の開港は本年八月十六日臺灣總督府令第八十七號を以て新たに開港に編入したるものにして稅關出張所の所在地なり(臺灣稅關には支署なるものなくして出

税關及出港税

張所なるものあり)

税關官吏は税關長の外に(淡水税關長は基隆税關長を安平税關長は打狗税關長を兼ぬ)鑑定官、監視、鑑定官補、屬及監吏あり之等の職掌は內地税關官吏と毫も異なる處なし

關税定率法は又た臺灣に施行する處なり(本年一月一日より)但し一の例外として輸入品從量税量税目中刻煙草の税目は昨年十二月勅令第三百五十五號を以て之を施行せざるものとす察するに同島に於ける阿片の害毒を除去せんが爲めに特に其輸入を容易ならしむるの精神に出ずるものなるべし

臺灣關税に特別なるは輸出税の存在にあり之れと同時に一の財源たるものは出港税なり(出港税は琉球に於ても酒類に付きて存在せり然れども之れ税關の徵收する處にあらず)輸出税と出港税は共に臺灣府の收入の爲めに徵收する處にして其徵收の形式は互に異なる處なし然れども其性質は大に相反し毫も二者の間に關係なきなり即ち輸出税は貨物通關の目的地は必ず外國ならざるべからざるに反し出港税は我內地に向つて輸送するものに課するものに限れり

今試みに其稅目及稅率を擧ぐれば

臺灣島輸出稅率表

番號、	品目、	數量、	從量稅率、	從價稅率、
	第一類　染料			
一、	姜黃、	每百斤、	円、一五〇	…………
	第二類　穀物及飲食物			
二、	乾筍	………	………	割、五〇
三、	大麥	每百斤	、一五〇	…………
四、	豆類	同	、〇九〇	…………
五、	乾魚	每百斤	、七七〇	…………
六、	鹹魚	同	、二八〇	…………
七、	落花生	同	、一五〇	…………
八、	乾龍眼	同	、三九〇	…………
九、	肉龍眼	同	、五四〇	…………

一〇、菓子　……………　……………　割 、五〇

一一、米　同　、一五〇　……………

一二、胡麻子　同　、二一〇　……………

一三、鱶鰭

甲　黒　同　、七七〇　……………

乙　白　同　二、三一〇　……………

丙　精製　……………　……………　、五〇

一四、赤砂糖　同　、一五〇　……………

一五、白砂糖　毎百斤　、二一〇　……………

一六、小麥　同　、一五〇　……………

第三類　皮骨類

一七、獸骨　……………　……………　円 、五〇

一八、生皮　同　、七七〇　……………

第四類　製茶

番號、	品目、	數量、	從量稅率、	從價稅率、
一九、	烏龍茶	同	円 一、六〇〇	……
二〇、	包種茶	同	一、二〇〇	……
二一、	香茶	同	、五五〇	……
二二、	粉茶	同	、五五〇	……
二三、	莖茶	同	、五五〇	……
	第五類　布帛材料			
二四、	苧麻	……	五四〇	……
二五、	麻皮	……	……	割 、五〇
二六、	麻糸	每百斤	円 、五〇〇	……
	第六類　雜品			
二七、	石炭及屑石炭	每百噸	、一五〇	……
二八、	鳳梨纖維	……	……	、五〇
二九、	田菁子	……	……	、五〇

三〇、藍子		、五〇
三一、油糟	每百斤	、五〇
三二、蓪草及蓪草紙		、五〇
三三、藤　甲、丸	每百斤	二、三〇
乙、割	同	三、九〇

右は輸入稅率なりと雖も右の中、第五、第六、第八、第九第十三、第十八、第十九、第二十第二十一、第二十二、第二十三、第二十四、第二十六、の各號及第三十三號の乙の臺灣產物品は之を內地に輸送するときは輸入稅と同額の出港稅を課せらる尤も烏龍茶は每百斤一圓、包種茶は同じく六十錢を課せらるゝの例外あり

噸稅

噸稅は本年七月二十二日の律令第二十二號を以て發行せる規則によりて賦課する處にして外國交易に從事する船舶を分つて二種とし

一西洋形船舶開港に入港するときは入港每に登簿噸數一噸に付き五錢の噸稅を課す

二日本形及支那形船舶開港に入港したるときは其入港每に千石以上のものにありては五圓千石未滿のものにありては三圓の噸稅を課す

手數料

此二項の外は內地噸稅法の適用を受くるものとす

手數料も大躰上內地稅關の手數料と同樣なりと雖も臺灣に一の特別なる場合は出港稅を課ずべき物品及日本形船舶支那形船舶に關する稅關平日休日の臨時開廳特許手數料にして

一　日出より日沒迄　每一時間　金五圓

一　日沒より日出迄　同　金七圓五十錢

なりとす

收容貨物の數料

稅關規則施行法に依る收容貨物敷料は內地に於ては未だ大藏省令を見ずと雖臺灣に於ては現に本年八月四日の府令を以て之れを公布せり即ち各品目二百七十一種に付き一々之を列擧せり其敷料は何れも各貨物の十日間の標準を示したるものにして容積に依るもの、重量に依るもの及び價格によるものゝ三種あり

容積によるものは布帛、絲縷、衣服及附屬品、食物、酒類、煙草、砂糖藥材、化學藥及製藥染料、彩料及塗料、金屬及金屬製品、時計、學術器具及機械類、角牙皮革、玻瓈及玻瓈製

品、油蠟紙及文具雜品、危險品等に付きては毎立方尺の敷料(十日間)高きは十三錢にして(安知必林及寫眞用紙の二品)低きは一錢(大多數)なりとす

重量によるものは金屬及金屬製品中の一部分にして毎百斤十日間に付き高きは錫塊の三錢より低きは鉄塊の五厘に至り餘は何れも一錢とす

價格によるものは貴金品にして十日間の敷料何れも價從千分の三とす

右敷料の計算方に付きては敷料は必ず十日毎に計算するものにして十日未滿の時と雖も十日分を徵收し敷料の總額に生じたる厘位は切捨つるものなりとす

尙ほ敷料は列擧法を採りしものなるが故に表に掲載せざる處の貨物を收容したるときは類似貨物の定率を準用し若し類似貨物なきものなるときは毎方法尺十日間一錢の敷料を徵收す

附錄

協定稅率と國定稅率の對照表

稅關を完全に論究せんには是非とも各種の稅率を記載するを要す然れども國定稅率は法例中從價稅率及び從量稅率共に稅目表として發布せるもの存するが故に茲に之を揭載するは徒らに無用の紙數を增加するのみなれば讀者宜しく同稅目表に就きて參照せらるべし唯だ協定稅目は各國との條約中に存在するものにして元より公布せられたるに相違なしと雖も各國間に於ける稅率の高低及國定稅率との割合は之を一表として示す事は大に便宜なるべきが故に特に附錄として茲に揭載する事となせり故に左表に揭ぐるものは國定稅目中協定稅目の適用を受くべきものに限る

品目	國名	協定稅率	國定稅率
時計及機械類			
時計(懷中時計を除く)及同部分品、	獨	一、〇〇割	二、〇〇割

製圖器	佛	一、〇〇	一、〇〇
鐵道機關車及同部分品	獨	、五〇	一、〇〇
雙眼鏡	佛	一、〇〇	一、五〇
印刷機械	佛	、五〇	一、〇〇
飲食物			
乳膏及乳粉	英、獨	、五〇	一、五〇
ステリライズドミルク	獨	、五〇	一、五〇
釦鈕類	墺	一、〇〇	二、〇〇
帽子(フェルト帽とも)	英、獨	一、〇〇	自二、〇〇 至三、〇〇
藥材、化學藥及製藥			
撒里失爾散	獨	一、〇〇	一、〇〇
次硝酸蒼鉛	獨	一、〇〇	一、〇〇
苦草	獨	、五〇	一、〇〇
赤燐	獨	一、〇〇	一、〇〇

貌羅謨化物	獨	一、〇〇	一、〇〇
格魯兒酸剝篤亞斯	獨	一、〇〇	一、〇〇
沃度剝篤亞斯	獨	一、〇〇	一、〇〇
規尼涅	獨	、八〇	一、〇〇
硝石(硝酸剝篤亞斯)	英、獨、	、五〇	一、〇〇
殺蟲粉	墺	、五〇	一、〇〇
染料、彩料及塗料			
アリザリンダイス	獨	一、〇〇	一、〇〇
アニリンダイス	獨、佛	一、〇〇	一、〇〇
乾藍	英	一、〇〇	一、〇〇
ログウード越米斯	獨、佛	一、〇〇	一、〇〇
色油	英、獨	一、〇〇	一、〇〇
玻瓈類			
牕玻　片(尋常の)			

甲　無色及無著色の	英、獨	、八〇	一、〇〇
乙　有氣著名及砂磨の	英、獨	一、〇〇	一、五〇
玻璃製品クリスタル玻璃及玻璃類（總玻璃を除く）	墺	一、〇〇	自二、〇〇 至二、五〇
熟皮類			
靴底皮	英、獨	一、五〇	一、五〇
其他各種の熟皮	英、獨	一、〇〇	一、五〇
金屬及金屬製品			
鐵及軟鋼			
塊	英、獨	、五〇	、五〇
條及竿（徑一吋の四分の一を越へし分）	英、獨、佛、	、七五	一、〇〇
軌條	英、獨、	、五〇	一、〇〇
板	英、獨、	、七五	一、〇〇
電鍍板（波形と否との別なく）	英、獨、	一、〇〇	一、〇〇
筒及管	英、獨、	一、〇〇	一、〇〇
釘（大共、無頭釘、手頭釘、及曲頭釘共）			

甲　尋常のもの	英、獨、	一、〇〇	一、〇〇
乙　電鍍したるもの	英、獨、	一、〇〇	一、〇〇
螺旋釘及牝牡螺旋、釘(電鍍の有無を問はず)	英、獨、	一、〇〇	一、〇〇
葉鐵及葉鋼			
甲　尋常のもの	英、獨、	一、〇〇	一、〇〇
乙　晶鍍のもの	英、獨、	一、〇〇	一、〇〇
線及經一因の四分の一を超へざる細竿、	英、獨、	一、〇〇	一、〇〇
電線(電鍍線)	英、獨、	、五〇	一、〇〇
鉛(塊錠の別なく)	英、獨、	、五〇	、五〇
水銀	英、	、五〇	、五〇
鋼(鐵鋼に非ざる)			
塊	英、獨、佛、	、五〇	、五〇
條、竿及板	英、獨、	、七五	一、〇〇
線及經一因の四分の一を超ずる細竿	英、獨、	一、〇〇	一、〇〇

錫			
塊及錠	英、	、五〇	、五〇
板	英、	一、〇〇	一、〇〇
亞鉛			
塊及錠	英、獨、	、五〇	、五〇
板	英、獨、	英 、七五 獨 、五〇	一、〇〇
薄板	英、獨、	、七五	一、〇〇
油蠟			
蠟燭(獸脂製及蠟製の)	墺	一、〇〇	一、五〇
無味香油	英、獨、	一、〇〇	一、〇〇
無味香蠟	英、獨、	、五〇	一、〇〇
紙類			
印刷料紙	英、獨、	一、〇〇	一、五〇
砂糖			

品目			
精糖			
甲　和蘭標本色類の第十五號より第二十號に至る	英、獨、	一、〇〇	二、〇〇
乙　仝色類の第二十號に超へたる	英、獨、	一、〇〇	二、〇〇
布帛絲縷及同材料			
第一			
綿織絲(無地若は染色の)	英、獨、	、八〇	一、〇〇
雲齋布	英、獨、	一、〇〇	一、五〇
綿帆布	英、獨、	一、〇〇	一、五〇
更紗類	英、獨、	一、〇〇	一、五〇
綿繻子(無地、有紋若くは形付の)綿ブロケード			
綿イタリアンス及紋金巾	英、獨、	一、〇〇	一、五〇
綿天鵞絨	英、獨、	一、〇〇	一、五〇
生金巾	英、獨、	一、〇〇	一、五〇
腰金巾	英、獨、	一、〇〇	一、五〇

品名	國		
綾金巾	英、獨、	一、〇〇〇	一、五〇〇
色金巾	英、獨、佛、	一、〇〇〇	一、五〇〇
天竺布	英、獨、	一、〇〇〇	一、五〇〇
緋金巾	英、獨、佛、	一、〇〇〇	一、五〇〇
寒冷紗	英、獨、	一、〇〇〇	一、五〇〇
其他本税目に掲載せざる各種の純綿布及亞麻大麻若くば羊毛其他の繊維を交へたる各種の綿布但し綿の重量超過するもの	英、獨、	一、〇〇〇	一、五〇〇
第二			
毛繻及ウルステット絲	英、獨、佛、	八〇〇	一、〇〇〇
アルパカ	英、獨、佛、	一、〇〇〇	一、五〇〇
旗布	英、獨、佛、	一、〇〇〇	一、五〇〇
フランテル	英、獨、佛、	一、〇〇〇	一、五〇〇
イタリアンクローツ	英、獨、佛、	一、〇〇〇	一、五〇〇
羅世伊多	英、獨、佛、	一、〇〇〇	一、五〇〇
縮緬呉呂			

品目		國		
甲	生地若は白色	英、獨、佛、	英、獨 一、〇〇 佛 一、八五	一、五〇
乙	染色若ば形付	英、獨、佛、	一、〇〇	一、五〇
セルヂ				
甲	縱に「ウルステッド」絲橫に毛絲を以て織りたる	英、獨、佛、	一、〇〇	一、五〇
乙	其他各種の	英、獨、佛、	一、〇〇	一、五〇
羅紗				
甲	「ブロード、クローズ」「ナルロークローズ」或は「アーミー、クローズ」「カッシミーア」「トヰード及「ウルステッド、コーチング」の如きも毛絲若くば「ウルステッド」糸を以て或は毛絲と「ウルステッド糸を以て織たる	英、獨、佛、	一、〇〇	一、五〇
乙	「パイロット、クローズ」「プレシデントクロース」及「ユニテン、クロース」の如き毛絲若は「ウルステッド」絲と綿絲とを以て織たる	英、獨、	一、〇〇	一、〇五
其他稅目に揭載せざる各種の毛布		英、獨、佛	一、〇〇	一、五〇
第三	（純毛と他物を交へたるものとの別なく但し毛の重量超過するもの			
絹綿繻子		英、獨、佛、	佛、獨 一、〇〇 英 一、五〇	二、〇〇
絹綿布		佛	一、〇〇	二、〇〇

第四

麻織絲(無地若は染色の)	英、獨、	、八〇	一、〇〇
麻帆布	英、獨、	一、〇〇	一、五〇
其の他各種の麻布	英、獨、	一、〇〇	一、五〇
ブランケット地及絲にて絲縫したるブランケット(平織の)	英、獨、	一、〇〇	一、五〇
綿製手巾(連續の)	英、獨、	一、〇〇	一、五〇
其他本税目に掲載せざる各種の織絲類	英、獨、	一、〇〇	一、五〇
酒類			
葡萄酒(シャンパン共)	佛、	一、〇〇	三、五〇
雜品			
馬	墺、	無税	、五〇
護謨製品	英、獨、	一、〇〇	自、五〇 至二、〇〇
鐵道客車及同部分品	獨、	、五〇	一、〇〇
ポートランドセメント	英、獨、	、五〇	、五〇

ダイナマイト	獨、	一、〇〇	一、五〇
庖厨用具、皿鉢並に泑藥を施したる其他の鐵板及銅板製の器具(彩色し若くは彩色せざる)	墺、	一、〇〇	二、〇〇(家具)
同上曲げ木製家具類(各種の)	墺、	一、〇〇	
珠玉金銀細貨類(假製の)	佛、墺、	一、〇〇	三、〇〇
ランプ各種幷に金屬製若は玻璃の部分品及附屬品	墺、	一、〇〇	二、〇〇
石鹼(尋常の)	佛、	一、〇〇	自一、〇〇 至二、〇〇
薰香類	佛、	一、〇〇	三、〇〇

以上は協定税率と國定税率を從價税に付きて對比せしものにして從價税の算定は其物品の仕入地、產出地、若は製造地に於ける原價に其仕入地、產出地若くば製造地より陸揚港に至る迄の保險料運賃を加算し又手數料あるときは之をも加算して算定すべきものにして率ね各國の追加條約に明かに規定する處なり尙ほ右從價税目は實行し得らるゝ限りは從量税目に換算すべきものにして其基礎は條約議定書の日附より(日英條約によれば以上の如しと雖も國によりて差異あり)前六ヶ月間に於ける帝國税關報告に載せたる平均價格に仕入地產出

地若は製造地より陸揚港に至る迄の保險料及運賃を加算し又手數料あるときは之を加算したるものなり此税率も固より追加條約を以てするものにして評定濟なりと雖も煩雜となるが故に記載せざるべし換算の結果前陳從價税率より低税となる事あるべし此場合には其税率に依る事勿論なりとす

前表によるときは同一の物品にして二國以上に通ずるものあり又た此種の物品中にも國によりて其税率を異にするあり或は單に一國にのみ適用さるゝものあり然れども最惠條約を有する條約國より輸入するときは若し他の國家に對して特に低税を協定する時は等しく其利益を得るものなるが故に各種の協定税目は最定國約欵の爲めに其最低税率のみ行はるゝ事となるべし

第三編　倉庫

第一章　倉庫の概念

倉庫とは貨物保管の場處を謂ふ乍然吾人の玆に研究せんとするものは斯かる廣漠たる意義のものにあらず必ずや一の商行爲として他人(主として商人)の委

託を受け其貨物を保管するを以て營業となすもの即ち學者の所謂保管倉庫と稱するものを云ふ

倉庫は常業として之れを營むものならさるべからず

商業未だ幼稚なるの時代にありては商品の販路頗る狹隘にして其數量も亦た從つて僅少なるが故に當時に於ける倉庫は商人各自が其貨物を藏置するの塲處たるに止まり會々他人の貨物を保管する事ありとするも是れ其本來の目的とする處ならざるが故に普通寄託の一般法規によりて其法律關係を支配さるゝに過ぎさりしなり然るに輓近交易の範圍擴張し取引頻繁となるに從ひ貨物集散の市塲に於て商人が自づから莫大の貨物を藏置し取引毎に一々之れを運搬するが如きは事實上難事なるのみならず又た徒らに無用の勞費と時日を消費するの結果となり經濟上の不利益大ならずんば能はず此に於て乎一定好箇の塲處に於て廣く一般商人の寄託を受け其貨物を保管するを以て目的とする常業者を生ぜり是れ即ち現時の倉庫にして此に至りて初めて倉庫は商業上の一機關として特別の地位を占むるに至れり

倉庫の保管す

倉庫の保管する貨物は必ず他人の物ならざるべからず是れ現時の倉庫に於け

る本來の目的にして其の觀念上第一に注意せざるべからざる處なりとす然しながら貨物の單純なる藏置處たるのみなるに於ては倉庫は未だ深く研究するの價値なきものにして必ずや他に更に有益なる効用の在するものなくんばあるべからず然り而して所謂彼の預證劵及び質入證劵なるものゝ作用は實に此點に於て倉庫に特別なる地位を與ふるものなり

倉庫證劵の發行

倉庫の發行する證劵は國法によりて其趣一ならず預證劵及び質入證劵を併せ發行するものあり或は單に預證劵のみに止まるものあり乍然共に貨物受託の際に交付する處のものにして其移轉は所謂物權的効力を生じ實際に貨物を轉輾するの勞なくして賣買質入等の目的を達し交易上及金融上の便宜を得る事尠なからず是れ即ち普通の寄託に於て見るべからざる倉庫寄託の特質にして倉庫が經濟上及法律上特に研究を要する所以なり要之するに此種證劵の發行は倉庫の觀念上最も注意を要する處にして倉庫論の骨髓といふべし

證劵の發行は貨物の權利者と現實の占有者を異にするの結果を來し貨物の權利者は之れが流通と共に移轉する事となるが故に當事者間の法律關係をして

（欄外）る物貨は他人の物ならざるべからず

大に複雜ならしむるものあり殊に質入證券を併せ發行するの制度にありては倘更然らざるを得ず故に先進各國に於ては卒ね倉庫に關して特別なる法規を設け詳細に之れを規定すと雖も帝國にありては不幸にして從來此種業務の發達遲々たりしが爲め何等の規定なかりしが近時商業進歩したるに連れ其必要を認むるに至り新商法々典に於ては寄託の章中特に倉庫の一節を設け概括的規定を置くに至れり

倉庫の附從的業務と稱するものは倉庫の觀念上必要條件にあらず

貨物の保管及び證券の發行は倉庫業に於て學者の所謂主要的業務と稱するとのにして此の二者あるに於て業に既に現時の倉庫業たる觀念上毫も妨げなきなり乍併商業の發達するに連れ漸次諸般の便益なる業務を兼ね行ふ事となれり是れ即ち學者の所謂附從的業務と稱する處にして貸庫、代金取立取扱、保管貨物轉地取扱及び割引周施等の業務は一般倉庫の行ふ處なり

政府監督の下にある保稅倉庫、供託倉庫其他官業所附屬の倉庫若しくは銀行、運送業者、製造者或は普通商人の倉庫の如きは等しく倉庫の名稱を有すと雖も本論の所謂倉庫とは大に其性質を異にするものあるが故に元より本論の範圍外

に屬するものなり

第二章　倉庫と商業

倉庫は商人の不便を排除せんが爲めに發生せる機關なるが故に其商業上に及ぼす影響は固より大ならずんばあるべからず今其主なるものに付きて述ぶれば

第一　資本及び勞力の節減

第二　危險の擔保

第三　取引の增進

第四　金融の疏通

資本其他の省減

試みに商人が各自に其貨物を保管せんとせば之れが爲めに適當なる設備を要す從て造營修繕の費用或は高價なる地代又たは家賃を仕拂ひ租稅其他の公課を納付し貨物の出入整理に關して幾多の監督者及び使用人を置き取引每に一々之れを現實に運搬せざる可らず加之ならず產業の種類によりては或期間は

全く其藏置處を空置する事あるが如き若しくは市場の景況好良ならずして貨物を保持するが爲めに其間資本の活動を休止せしむるか否らずして或る必要の爲め止むを得ず安價に放賣せざるべからざるが如きは一般商人にとりては容易ならざる負擔にして其結果消費者を害する事となるべし然るに現時の倉庫制度にありては之等の資本及勞力を他の有要なる方面に活動せしむる事を得るが故に國家經濟上莫大なる利得を生ずるものなりとす

危險の擔保

貨物は天災、地變其他の不可抗力により若しくは過失怠慢等各種の原因により て毀損消失する事あるを免れず然るに商人が各自に藏置するの場合にありては例外なる場合の外は自身に其損害を負擔するの外なしと雖も倉庫に寄託したる場合にありては倉庫業者は法規若しくは契約によりて一定の範圍内に於て損害を賠償するの責任を有し殊に火災保險を附するが故に或原因に基く貨物の損害は倉庫制度によりて十分に擔保せらるゝものといふべし

商取引の增進

倉庫は各種の貨財を保管し同一の場處に於て同種の貨物を饒多に推積するが故に問屋營業者等によりては最も適當なる供給處にして需要者の仕入れには

非常の便宜を與ふるものとす殊に其發行する證劵は自由に流通し貨物を移轉せずして安全に其權利を發生消滅移轉せしむるを以て商品の轉輾圓滑となり從つて商人の運動頗る敏活となるの結果を生ず加之ならず倉庫の所在地には自づから貨物を輻湊せしめ從つて全般の商業を繁榮せしむるに至る

倉庫の發行する預證劵及び質入證劵は共に一種の信用形式にして其性質上當然指圖證劵たるものなり故に賣買若しくは質入等金融の用に供し自在に轉輾流通する結果として貨物の權利者は資本を遊置し或は貨物を放賣するの損失なく其欲するに從つて之れを處理するを得べく金融の疏通上顯著なる效果を與ふるものとす

尙ほ帝國には未だ行はれずと雖も英國の倉庫に於て日々行はる處の競賣は現時着々盛況を呈し今や一種の業務たるの觀あるに至れり是れ法律の規定によりて行はるゝ處の競賣にあらずして寄託者の任意なる依賴によりて行ふものなり爲めに商人及一般公衆の蒙る便益は非常にして毎日定刻となるや盛んに庫內に群集をなすといふ

倉庫の商業上に及ぼす利益は未だ以上に止まらず各種の附從的業務より生する便益の如き亦た鮮少にあらざるなり然れども倉庫の主たる便益は主として倉庫證劵の活動に存する事は何人も疑はざる處にして其運用の巧拙は以て商業の程度を窺知するに足るものあり帝國の如きは此點に於ては未だ非常に幼穉にして其成巧を見るは前途未だ遠し何となれば倉庫は元來商業道德の行はるゝにあらずんば成立するを得ざるものにして何人も一片の紙片を信じて巨萬の取引を自在に行ふが如きは不幸にして帝國の如き商業的信託の現狀に於ては容易に望むべからざればなり

要之するに倉庫の最も便益とする處は即ち最も危險の伏在する處にして一朝其運用を錯濫するときは社會に及ぼす處の害毒は實に甚しきものあり之れを實例に徵するも先年我兵庫倉庫の失敗の如き其影響の及ぶ處獨り債權者のみに止まらず帝國内に於ては勿論更に遠く海外の各取引地の信用を失墜し之れが爲めに同地一般の商業上一大影響を來し容易に昔日の繁榮を輓恢し得ざるものあり故に之れが運用は十分に戒心を加へざるべからざるなり

第三章　貨物の保管

倉庫は寄託關係の集合せるものにして受託行爲は其本來の目的なり故に普通民事上の寄託若くば商業上一般の寄託或は或營業の結果として法律が當然隨從せしむる處の寄託關係と異なり寄託を離れて全く其成立を想像する事を得ざる處にして其成立の目的を達せんが爲めに豫め一定の約項を設け廣く顧客の依託を待つものなり然れども倉庫は各々其設備の主意により保管すべき處の貨物、注意の程度、賠償の責任、其他保管料等に付き互に其規約を異にするものにして到底同一なる事能はざるが故に本章に於て論ぜんとする處は主として商法の規定を基礎とし之れに聊か主要倉庫の實例を加味するに過ぎず

第一節　保管貨物の範圍

本節は毫も法律上の意味を有せず何となれば法は倉庫に保管すべき貨物に關して毫も制限する處あらざればなり唯だ倉庫の政策上其範圍を付するは適當

にして亦た倉庫の實際に徵するも然らざるはなし是れ特に本節を設くる所以なり

倉庫の保管する處の貨物は商品ならざるべからず

倉庫は相手方との間に寄託關係を發生するものなりといふの點のみよりしては如何なる貨財と雖も之れを保管するに於て毫も差支なしと雖も其商業機關たる性質及作用よりしては商品にあらざるものは其保管物として適合せざるものなり乍併如何なる貨財と雖も悉く商の目的たるを得ざるもののなきが故に商品と非商品は到底貨物の形躰に於て之れを區別するを得ず要するに唯だ所有者の心的關係に於て之れを認別するを得るの一途あるのみとす

商品に關する制限

商品は倉庫業保管の目的物として適切なる事言を須たず乍併普通の倉庫に於て如何なる種類の商品たるを問はず悉く藏置すべきものなるや否やは次ぎの問題として研究せざるを得ず抑も倉庫は保管を以て第一の目的とす保管とは一定約定期間中原狀を變更せずして藏置する事をいふ故に原狀を持續し得べきものにして他の貨物に損傷を與ふるの患なきものにあらざれば保管に適せざるものなり例之ば腐敗變性するものの爆發性のものの若しくば惡臭を放つものの

保管貨物の限界に關する實例

ゝ如きは此條件に於て缺ぐる處あるものにして特別の設備あるにあらざれば一般倉庫に於て受託すべきものにあらざるなり

以上は唯だ概括的に一般の倉庫に付きて陳べたるに過ぎず故に倉庫の目的或は設備の如何によりては必ずしも然らざるを得ざるにあらず今參考の爲めに帝國に於ける各倉庫が其保管すべき貨物に關して從來如何なる限界を附するやを陳べんに其方法凡そ分つて左の三種とすべし

第一積極的限界　積極的限界とは一種若しくは數種の貨物を擧げて保管すべき事を示すものにして東京石油貯庫會社若しくば米倉庫會社が一種の商品に限るが如く中央倉庫會社或は大阪倉庫會社に於て數種のものに限るが如き此の部に屬するものなり今中央倉庫會社に就きて其例を擧ぐれば

一　米及び雜穀類　　二　砂糖　　三　肥料
四　海產物　　五　銅鐵　　六　製茶
七　生糸並びに附屬品　　八　絹綿毛織物類　　九　綿花

の九種にして以上の外營業上の都合によりて受託するものとす

第二消極的限界　消極的限界とは倉庫に於て保管せざる處の貨物を示す方法にして其以外の貨物は皆之れが寄託に應ずるものとす此種の方法は貨物の品目によらずして主として性質によりて之れを示すを常とす例之ば橫濱貿易の倉庫會社の如きは營業の本則よりは一切の貨物を受託すと定め例外として

一危險の性質を有するもの　　二消耗若しくば腐敗し易きもの

三惡臭を發するもの　　四性質の不明亮なるもの

五法律規則に背反せるもの　　六倉庫又は他の貨物を損傷する虞あるもの

を除外せり

第三折衷的限界　此の方法は前二法を併用するものにして東京倉庫會社の如く一面には腐敗若しくば發火の患あるものは保管せざる事を示し他面にありては時々商況に鑑みて受託貨物を店頭に廣告するの制度を採るもの丶如きは其適例なり

第三節　保管義務附たり返還義務

商事寄託の注意に關する通則

倉庫は商人が之れに信託して其貨物を藏置するの場處なるが故に倉庫業者が其保管に關して如何なる注意を加ふべきやは最も重大なる處の問題なり民事上の寄託にありては有償の場合と無償の場合を區別し前者にありては其報酬に對して特段なる注意をなすべき義務ありとなし一般の原則に從ひ善良なる管理者の注意(即ち學者の所謂良家父の注意と稱するもの)を要するものとし後者にありては民法六百五十九條に於て自己の財產に於けると同一の注意をなすを以て足れりとせり乍併商人が其營業の範圍内に於て寄託を受けたる場合にありては設令無償の場合と雖も商人たる性質上及び寄託者の意思上よりして特別の注意を加ふべきものなりとの推測をなすは當然なるが故に新商法に於ては無償有償を問はず商事寄託に於ては善良なる管理者の注意を加ふべきものと規定せり

自己の財產に付き平素加ふる處の注意といふは學者の所謂成形的と稱するものにして其人の注意深きと否とによりて其程度自づから異ならさるを得ず從つて抽象的に其標準を定むる事難し然しながら實際問題としては各個の場合

に於て之れを決する事容易なり之れに反して善良なる管理者の注意といふは所謂抽象的と稱するものにして理想上各個の場合を通じて其標準一定する事を得るを以て現時の法律上に於ては一般の原則として之れを採用すと雖も事實上善良なる管理者の注意とは果して如何なるものなるやは到底明確に之れを示す事能はず歸する處は法を適用するものゝ認定に一任するの外なきなり

倉庫業者の用ゆべき注意

倉庫業は商行爲にして有償寄託の一種なり故に何れの點よりするも善良なる管理者の注意を以て保管すべき事言を須たず而して此の義務は貨物を受領したるの時に於て發生し返還したる時に消滅するものとす受領より返還の間は

保管期間

即ち保管期間にして當事者の任意の契約を以て之れを定むる事を得然しながら帝國倉庫業實際の慣習は率ね六ヶ月を以て一期とし此の期間經過後に於て尚ほ寄託を繼續せんと欲するものは改めて契約するを常とす今期間に關して法律の規定する處を見るに民法に於ては(一)當事者が保管期間を定めざりし場合と(二)定めたる場合とを區別し第一の場合にありては保管者は何時にても貨物を返還し得る事となし第二の場合に於ては止むを得ざる事由の存する時に

あらざれば期限前に還付するを得ずとなせり蓋し民事上にありては寄託は無償行爲を原則とするが故に普通の場合に於て寄託は受寄者の爲めには迷惑なる負擔にして從つて速かに其義務を免れんとするは人情上當然の希望といはざるべからず故に期間の定なきときは任意に受寄物を還付せしめ其定ある時と雖も止むを得ざる事由の存するときは還付する事を得るの例外を認むるは誠に適當の規定なりといふべし

倉庫業に於ても亦た期間の定ある場合に於て其期間內貨物を返還するを得ざるを本則とするは毫も民法と異なるなし然れども期間の定めなき場合に於ては決して民法と同じく任意に還付するを得せしむべからず其理由は若し之れを許したるか爲めに不時に返還するときは倉庫證券の所持人は非常に迷惑を受け從つて其流通を不安ならしめ竟に倉庫の便益なる制度を破壞するの患あるを以てなり加之ならず倉庫は保管を以て其本來の目的とするものにして一定の報酬を受くるものなれは法規を以て之れに或期間中の保管を命令するも之が爲めに決して困難を感ずる理由なきなり是れ商法にありては民法の規定

に反して其第三百七十八條に於て六箇月經過するにあらざれば返還するを得ざるものとせる所以にして其期間を六箇月となせるは深き趣意あるにあらず從來帝國倉庫業の慣例を斟酌したるの結果に外ならざるなり
倉庫業者は法定若しくは約定期間内任意に其保管物を返還するを得ざる事前陳の如し乍併如何なる場合と雖も期間滿了するにあらざれば返還するを得ずとするは倉庫業者にとりては酷に失するの嫌あるのみならず又た之が爲め時としては證券の所持人にとりて反つて損失を來す事なきにも限らざるが故に之れが例外を認むるは事實必要といはざるべからず即ち商法第三百七十八條の但書は全く之れが爲めにして(期間の定ある時に期限前に返還し得るやは商法に於て特に規定せずと雖も民法の適用上必ず然らざるを得ず)只だ其所謂已むを得ざる事由とは果して如何なる場合なるべきやは豫め之れを示す事能はず要するに事實問題として各個の場合に於て各自の認定に一任するの外なきなり
從來我倉庫業に於ては或る一定の場合には保管期間中にも拘はらず受寄物を

返還義務

返還し得べき事を豫約するを普通とす例へば大阪倉庫株式會社、中央倉庫會社或は東京倉庫株式會社に於て受寄貨物が腐敗變性の虞あり又たは他の事由によりて倉庫又たは他の貨物を損傷するの患あるときは速かに寄託者に通知し若しくは新聞紙に廣告して出庫を催促するが如し

此の約款は各倉庫の預證券及び質入證券面に率ね記載する處のものにして倉庫及び貨物の權利者にとりて双方の便宜とする處なり

以上は倉庫業者の方面よりのみ之れを陳べたりと雖も證券の所持人よりしては何時にも出庫を請求し得べきは殆んど言を須たざるなり

保管する貨物は倉庫業者に於て之れを利用し若しくば形躰又たは實質に變更を加ふべからざるは勿論にして所謂原狀の儘に返還すべきの義務は倉庫業の最も重大なる責任なりとす然るに時としては貨物の權利者が其權利を行使せざるか爲めに期間滿了せるにも拘はらず倉庫業者は此の義務を果たす能はざる事あり此の場合に於て倉庫業者は尙ほ保管者たるの義務を繼續すべきものなるや否や夫れ債務は一日も早く之れを免れんとするは何人も情として欲せ

ざるなし然るに今債權者が故なく其權利を行はざるが爲めに過失なき債務者が尙ほ長へに其義務を負ふ者とするは毫末も理由なき處にして又た債務者の保護を缺ぐものなり故に倉庫業者が滿期日に至り若くば其の他已むを得ざる事由あるが爲めに寄託物を返還し得べき場合にありて寄託者又は倉庫證劵所持人が之れを受取る事を拒み若しくば受取る事能はざるが爲めに其保管義務を免るゝ能はずとするは酷に失するものして法は此の場合に於て其義務を免れしめ其責任を輕減するの途を講ぜざるべからず是れ即ち商法に於て此場合に供託の便法を認むる所以なり(第三百八十一條)

返還義務履行の例外方法として供託

供託とは法令若しくば裁判所の指定する場所に債務の目的物を藏置せしめ一面には債務者をして其義務を免れしめ他面には債權者をして他日其目的物を受領せしむるの方法にして當事者双方を保護するの便法たり供託に二種の方法あり(一)現物を以てする場合及(二)代價を以てする場合是なり凡そ貨物は供託に適するものあり否らざるものあり供託に適せざるもの丶中にも滅失毀損の患ありて然るものあり或は莫大の保存費用を要して然るものあり故に二者何

れの方法を採るべきかは一に貨物の性質狀境によりて之を決せざるべからず保存に適するものにありては現物を以て供託すべき事勿論なりと雖も其否らざるものにありては止むを得ず代價供託の方法に因らざるべからず是れ權利者の所有物を處分するの嫌ありとするも其實は反つて權利者を保護するの途なり

代價供託の公賣方法

代價供託の場合に於て其代價は民法にありては先づ裁判所の許可を得て後ち競賣法に從つて之れを得るものなりと雖も商事にありては賣買は大に時機に關係を有するものなるを以て一々民法の規定を適用し裁判所の許可を得る事を必要とするときは爲めに荏苒商機を失するの虞なしとせず此の故に商法に於ては裁判所の許可を經るを要せざるの主義を採れり然れども權利者をして成るべく其權利を完ふせしむるの機會あらしむるの趣意よりして此場合に倉庫業者をして必ず競賣前に相當の期間を定めて引取の催告をなさしむることとなせるは適當の規定なり然るに貨物の性質上破損若くは腐敗の虞ある等の爲めに催告するの期間も尙ほ猶豫する事を得ざる特別の事由の存する場合に

於ては本則の手續を踐ましむるは双方の爲めに策の得たるものにあらず故に此場合には例外方法として催告手續を省きて直ちに競賣する事を得せしめざるべからず此場合に於ては倉庫業者は競賣後適當なる方法によりて權利者に通知するを要す

現物供託と代價供託とを問はず倉庫業者已に一旦供託をなせるときは其返還義務を免れたるものにして權利者は他日供託所に就きて現物若くば代價を請求する事を得

供託の場合に貨物の保管料其他の費用は權利者に於て供託所より其供託物を受領するの時に納付すべきを本則とす然れども代價供託の場合にありては之れが例外として競賣後の代金中より之れを控除し殘部を供託する事を得せしむるも毫も弊害なきものなり故に法は明かに其代價を以て充當するを妨げざる旨を明規せり

今參考の爲めに從來我各倉庫が以上各種の點につきて如何なる規約を設けしやを陳べんに

(一)滿期日に至りて預續ぎの手續をなさざる時は爾後二倍の保管料を徵收して保管を繼續せり

(二)止むを得ざる事情の爲め保管貨物を返還せんとするときは率ね左の規約に從へり

貨物保管中損傷或は變性すべき恐あるときは寄託主に通知狀を發し又は新聞紙に公告し速かに出庫せしむべし若し出庫を怠り爲めに倉庫及他の貨物に損害を及ぼしたるときは寄託主をして之れを償辨し且つ其諸費用を負擔せしむべし

前段の場合に於て寄託主其出庫を怠り或は之れを拒み若くば居所不明なるか又は貨物變性し或は變性せんとするときは寄託主の承諾を待たずして之を公賣に附する事を得

已に公賣したる上は其代金中より保管料藏敷料及其他一切の費用を引去り餘金あれば之れを倉庫に預り置き寄託主の申出を待ちて之を還付すべし但し餘金に對しては利息を付せず

以上の規約は新商法の實施前我主なる倉庫業者の營業規約に定むる處なり然るに右の文言中競賣代金を其倉庫に於て自づから保管するは現行商法の下には元より不法にして供託は此場合に於ては必ず供託法に從つて之れをなさゝるべからず故に此點は大抵修正せられたり

以上によりて吾人は一通り倉庫業者が保管貨物に關して加ふべき注意の程度・保管期間の事及び返還義務の履行に關する事等を概論せり然れども之等は主として倉庫業者即ち義務者の方面よりして觀察したる處なるが故に本章を去らんとするに臨み更に寄託者若くば倉庫證券の所持人即ち權利者の方面よりして倉庫業者に對して有する處の關係に付き一言陳述するの必要あり

寄託者及倉庫證券所持人の權利

寄託者及び倉庫證券所持人が保管貨物に關して倉庫業者に對する事を得るの權利とは商法第三百七十五條の規定する處のものにして之れを

一寄託者又は預證券所持人の權利

二質入證券所持人の權利

の二者に分つて論ずべし

一、寄託者又は預證券の所持人は寄託物の點檢又は見本の摘出を求め其他保存に必要なる處分をなすことを得蓋し寄託物の處分は後にも陳ぶるが如く必ず證券によりて行ふべきものにして寄託者又は預證券の所持人は貨物の正當なる所有者なれば保管上果して十分の注意が加へらるゝや否やを吟味し或は保存上必要の行爲をなす事を得せしめざるべからず又た賣買は必ず預證券によりて行ふべきが故に見本摘出の權も亦た之を有せしむるの必要あるは言を俟たざるなり

二、質入證券の所持人は自個の債權の擔保として保管貨物に注目するものなれば果して能く適當に保管せらるゝや否やを點檢するを得せしむるは前者と共に必要とする處なり然れども貨物の所有權を有せず又た賣買するものにあらざるか故に見本摘出又は保存處分をなさしむるの必要は存せざるなり

以上の權利は法の認むる處なれども之れが爲めに倉庫に煩累を及ぼすは不可(一方に於て倉庫は保管上に賠償責任を有するを以て)なり故に此權利の行使は必ず倉庫業の營業時間内ならざるべからず

第三節　賠償責任

賠償責任の有無を決すべき

商人が意を安んじて倉庫の發行せる證券を授受轉輾する所以のものは實に倉庫が危險の負擔を有する事其主因たらずんばあらず若し保管貨物にして一朝損滅するの事あらんか倉庫業者に於て之れが賠償をなすなくんは何人も之れに信託する事能はざるは言を須たず然りと雖も如何なる原因に基く損害も必ず之れを賠償すべきものとなすときは貨物の權利者を保護するに於ては餘りありと雖も倉庫業者にとりては非常に酷に失するものにして又た賠償の性質よりするも斯の如くするの理由毫もなきなり故に先づ責任有無の範圍を一定せざるべからず乍併貨物の損傷滅失は其源因種々あり天災地變の不可抗力に基くものあり或は盜難過失等に由るあり從つて之等各種の源因を列擧して其責任の有無を示す事は到底出來ざる處にして亦た立法上一の危險を犯すものなり故に必ずや是れが標準を抽象的に求めざるべからず

倉庫業者が貨物の保管に關して善良なる管理者の注意を以てすべき事は曾つ

抽象的標準

抽の責標準

て陳へたり故に這般の注意を加ふるに於ては其保管義務は完了するものにして此の以外に保管上鎖少の責任を有せざるなり然るに損害を賠償するの責任は必ず當事者が其本來の義務を履行せざるによりて發生するものなれば本問題の標準としては勢ひ倉庫業者が其保管義務を盡くせしや否や換言すれば善良なる管理者の注意を怠らざりしや否やの點に據るを至當とす

理論上の問題として此標準は頗る明確にして又た適切なり然れども事實問題としては善良なる管理者の注意とは果して如何なるものなるやを決する事難し而して之れと同時に此注意の加へられしや否やを知る事亦た容易にあらず故に若し權利は必ず之れを主張するものよりして之を證明せざるべからずとするときは倉庫業者に對する損害賠償の請求者は常に倉庫業者が此注意を怠りし事を證明せざるべからざるなり然るに其證明の困難なる斯の如きを以て請求者は爲めに往々にして不利益の地位に立つ事稀れなりとせず然るに一方に於て倉庫業者は(一)常に此種の注意を加ふべきものにして保管貨物に損傷を生ずるは其注意を缺ぎしに基くか或は注意を加へしにも拘はらず天災其他の

不可抗力の爲めに止むを得ざるの事由に基くかの二者に外ならざるが故に損傷の原因たる事由は倉庫業者の方面に存する機會多し(寄託者其他權利者の方面には損傷の原因ある事少なし(二)新商法の結構は大に倉庫業を信用したる主義に成れり故に從つて其責任も重大にせざるべからず以上の二理由よりして此場合に於ては貨物の損傷は先づ總て倉庫業者の責任に歸すべき事由に基因するものなりと推測するは止むを得ざるの規定といふべし寄託者其他の權利者は又た一切の損傷に付きて倉庫業者に一旦之れが賠償を求むる事を得べし然れども倉庫業者に元來斯かる重大なる責任あるにあらざれば若し之れを賠償する事を欲せざる場合にありては必ず進んで自己若くば其使用人が保管上に其責任を怠らざりし事を證明するを要す

要之するに倉庫業者の賠償責任は損傷又は滅失等の結果のみにつきて之れを決する事能はずして保管上其注意の加へられしや否やに付きて之れが有無を定むるの外なきなり而して之れが證明は必ず倉庫業者より之をなさゞるべからず之れ商法の明かに規定する處にして疑なきなり(第三百七十六條)

賠償責任の終了時期

斯く倉庫業者をして擧證の責任を有せしむるは之れを理論の上より觀るも又倉庫政策の實際上よりするも適當の事なりといふべし然れども其責任は倉庫業者によりて固より重大なるが故に可成く之れをして輕減せしむるの途を講ずるは其保護上必要とする處なりされば普通の原則に從ひば損害賠償の請求權は他の債權と同じく消滅時効の期間內は何時迄も之れを行使する事を得べきものなりと雖も此場合に於ては反對の原則を採り既に一旦貨物の出庫をなし保管料其他の費用の決濟ありたるときは最早倉庫業者に於て其責任を有する事なしとなせり(第三百八十二條)

本則

倉庫業者の責任は本則として出庫手數の終了によりて消滅する事斯の如し然れども事實上保管中に損害を生じたるものなるに拘はらず業に已に一旦出庫せるの故を以て絕對的に其責なきものとなすは又た一方を保護せんが爲めに却つて他方を害するの譏を免るゝ事能はず故に法は少なくも左の三場合を例外とするの必要を認めたるなり

第一　出庫の際引取人に於て留保をなしたるとき

第二　設令留保をなさずとも直ちに發見する事能はざる毀損又は一部の滅失ありたる場合に二週間内に通知を發したるとき

第三　倉庫業者に惡意のありたるとき

例外　第一の場合は貨物は引取ると雖も引取主が返還の時に損害を發見し若しくば疑あるに際し豫め將來に於て賠償を請求すべき權利を留保する事をいふ此の場合に於て引渡と同時に其責任を免るゝ能はざるは言を須たず然しながら往々引渡の時に於ては一見原狀と毫も異ならずして後日に至りて初めて損害の存在せし事を發見する事あり斯かる場合に於ては何人も留保をなすを得ざるものにして事實不能の事たらざるを得ず然るに留保なさゞるの故を以て其の損害が倉庫業者の責に歸すべき事由によりて發生したるにも拘はらず完全に其返還義務を果たせるものとなし從つて賠償責任なしとなすは不能の事を以て過失なき權利者の權利を無視する事となり不公平といはざるべからず故に此の場合に於ても前者同樣引取主をして其權利を行はしめざるべからず然るに何時迄も此の重大なる責任を倉庫業者に負擔せしむるは亦た酷に失するも

のにして且つ責任を長く不確實ならしめ時日の經過するに從ひ證明の困難を增し爭訟の弊を生ずるの患あるを以て一定の通知期間を設け引取主にして若し此の期間內に通知を發せざるに於ては設令如何なる損害あるものゝ之れを賠償するの責なしとせざるを得ず之れ當事者雙方の保護上公平を保つ所以にして法は其期間を二週間となせり

特別時效

以上は善意にして過失ある倉庫業者につきて陳述せりと雖も第三の場合即ち惡意の場合にありては毫末も之れを保護すべき理由なきものなるが故に留保あるときは勿論留保せざるときと雖も二週間の期間の恩惠を受くる事なく長へに其責任を帶ぶるものとするは當然にして又た一面には惡意の倉庫業者を制裁するの點よりしても然らざるを得ず

右三つの場合に於ては一旦引渡と同時に無責任たるべき倉庫業者をして尙ほ其責任を繼續せしむるものなるが故に若し權利者にして其請求權を行使せざるに於ては時效の進行によりて其責を免るべきは勿論なりと雖も普通の時效期間即ち五年を經過するにあらざれば請求權を消滅する能はずとするときは

倉庫業者の意思の善悪を區別せざるものにして權利者を保護するに於ては餘りありと雖も善意の倉庫業者には酷にして公平なりと曰ふべからず故に法は特に善意なる場合に限り短期の時效をみとめ之れを一年とせり(商法三百八十二條及三百八十三條)

特別時効の起算點

時效の起算點に關しては勢ひ貨物の狀境によりて異ならざるを得ず

一　寄託物の一部が滅失し又たは毀損したる場合

二　寄託物の全部滅失せる場合

前者にありては貨物は必ず引渡すべきものにして返還義務は本來出庫の日を以て完了するものなるが故に出庫の日を以て時效進行の起算點となすべきは殆んど言を須たず然るに後者にありては返還すべき目的物なきものなれば從つて出庫の時を以て起算する能はず故に他に更に之れを求むる事を要す貨物の滅失したる場合に於ては倉庫業者は貨物の權利者に對して通知を發する事通常なるを以て貨物の權利者は此の時に於て初めて其請求權を行使する事を得べきものとす而して時效は怠慢なる權利者が其權利を行はざるに對し

て債務者を保護する一の公益制度なるが故に權利者が其權利を行ふ事を得べき時期よりして計算するを本則とす即ち此場合に於ては通知を發したるの日を以て起算日とせざる事を得す然るに通知は何人に對して之を發すべきや事の本來よりいへは貨物の所有者即ち預證券の所持人に對してなすべきを當然とす然れども預證券は固と轉輾流通して其所在一定せざるか故に倉庫業者は遂に何人の所有に屬するやを知る事を得ざるなりされば此場合に於ては寄託者に對して之を發し其日を以て起算日となすは止むを得ざるの事なりとす

本節を終るに臨み聊か從來の倉庫業者が其責任に關して如何なる規約を設けしやを畧述せんに

我倉庫業は未だ曾つて貨物出庫後の責任に關して何等の規約を設けし事なく唯だ責任の事由に付き二三の條項を置きたり而して其事由は必ずしも各倉庫同一ならずと雖も大躰上其主義二樣に分かれ一は無責任なる場合を示すものにして消極主義ともいふべく二は有責任の場合を示すの方法を採るが故に積極主義とも云べし前者は天災地變其他抗拒すべからざる事由に基く損害又は

氣候の變化貨物の性質若くば荷造の粗惡等よりする腐敗減量或は鼠蟲の害による損傷に付きては無責任なりとし後者は雨漏、竊盜及紛失の場合に限り責任を有するものとせり今以上二種の規約につきて商法の適用上如何なる結果を生すべきやを硏究するに第一方法の列記事由及び第二方法の列記以外の事由に基く損害に就ては常に無責任(惡意の場合は別なり)なり乍併第一方法の別記以外の事由及び第二方法の別記事由に基く損害は必ず賠償さるべきものにあらず何となれば此等の事由に基く損害と雖も倉庫業者及其使用人が十分なる保管上の注意をなせしに於ては責任を帶ぶるの理由なければなり

第四節　保管料其他の費用

保管料は貨物保管の報酬にして倉庫業利益の淵源なり普通の場合に於ては倉庫の使用料及貨物の取扱料より成立し稀れに保險料を含蓄す倉庫は又た貨物保管の結果其貨物に關して必要なる諸般の費用を要する事あり前者は受寄の際契約を以て一定するものなりと雖も後者は各個の場合に於ける實費及び其

以後の利息を申受くるものなりとす

保管料其他の費用請求の時期

保管料を請求し得べき時期に關しては法律に特別の規定なきときは頗る弊害を生ずるの患あり蓋し有償寄託は双務契約なるが故に受寄者は先づ保管料を得ずんば受寄せずといひ寄託者は之れに反して先づ保管行爲を完了するにあらずんば報酬を與へずといひ得べければなり乍併普通の意思に於ては報酬は常に行爲の後に於てするにあるが故に民法に於ては明かに有償寄託の場合に報酬は返還の時にあらざれは請求する事を得ずとなせり此の點に關しては倉庫に於ても其規定を同ふするものなり

貨物の保管に關する有要ある諸費用に付きては民法に於ては受寄者をして其都度前拂を請求する事を得せしめたり其理由は別段の特約なくして受寄者をして出費せしむべからずといふにあり蓋し民法に於ては寄託者の何人なるやを知る事勿論なるか故に斯くするは容易なりと雖も倉庫にあつては貨物に對する權利者を知る事容易ならず從つて前者と共に出庫の後ちにあらざれば請求するを得すとせざるに於ては中途にして請求權を行使せんとるの結果往々

にして受寄物を競賣するの必要なしとせず是れ證券の流通を沮害し且つ當事者間の關係を混雜ならしむるものにして倉庫制度の便益を害するものなりといふべし故に此種の費用も亦た出庫の時に請求せしめざるべからず

以上は保管貨物全部の出庫の場合に就きて述べたりと雖も一部を出庫する場合に於ては規定なきに於ては爭を生ずることを免れず而して民法に於ては此點に關しては何等の規定を設けざるが故に商法に於ては三百七十七條に於て其割合に應じて仕拂ふべきものとせり此事に關しては何れ後章に於て更に論するの機會あるべきなり

保管料の計算方法

保管料の算出方に付きては商法には別に規定する處なしと雖も各倉庫の實例につきて見るときは大抵月の十五日の前後を以て全月分若しくば半月分を徵收するを普通とす而して其割合は倉庫と貨物とによりて一定せす今假りに東京倉庫會社に就きて其概要を述ぶれば米は百俵に付き一箇月壹圓拾錢より壹圓五拾錢にして從量法を採り他の貨物は皆な從價法により評價金每百圓に付日步安きは六厘(ボンベー綿及メリケン綿)高きは四錢(糠)とす但し米の保管料は時

負擔者

價に著しき變動を生じたるときは多少增減をなす事あるべく又た全月に滿たずして出入をなせる分の保管料は一ヶ月を三分し十日廿日及末日の三回に區別して徵收するものとす(明治卅年七月一日改正の割合表に據る)保管料其他の費用の負擔者は常に預證券の所持人たるを本則とす蓋し預證券の所持人は後にも陳ぶるが如く貨物の所有者にして是等の負擔は常に預證券の轉輾に附隨して移轉するものなればなり

右陳ぶる處は順當なる場合にして特別なる場合に付きては各節に於て說く處と對照して自づから明瞭なるべし

第四章　預證券及び質入證券

預證券及質入證券は共に寄託物保管の際之れと引換に倉庫業者が交付する處の信用形式にして裏書によりて自在に流通するものたり倉庫が商業上便益なる機關たる所以は嘗つて述べしが如く實に此の形式の作用に基くものにして法律上特別なる地置を有する所以も亦た實に玆に存す要するに本章は倉庫論

の眼目とずる處なり

倉庫の交付する證券の種類に付きては歐洲にありて現に二主義に岐れ佛、白及び伊の諸國を除くの外は何れも預證券のみを發行せり乍然寄託者は一方には貨物を讓渡し之れと同時に他方にありては之れを質入して金融上の便を得んと欲するが故に預證券のみを單行するの國に於ては此の一種の證券を以て兩者の目的に供用し從來我帝國に於ても亦た此の主義に據れり然りと雖も二證券の併存するは寄託者にとりては非常に便宜にして之れが爲めに倉庫業者に不利益を釀す事毫も存せざるが故に新商法に於ては二證券併行の主義を新たに採用せり斯く業に一旦二證券を併行する事となせるに於ては各證券の目的が全く二樣に分かるゝ事は勿論にして賣買と質入の目的を達せんが爲めには互に其範圍を犯す事あるべからざるなり唯だ二者併存の結果として勢ひ從來に比して其關係する處廣く且つ法律關係を複雜ならしむるの事實を生ずるは免れざる處なりと雖も人文の進歩につれ諸制度の繁雜精細に傾くは事理の當然にして帝國商業上の進歩といはざるべからず近頃商人間に於て二證券の併行を以て却つて不便とし預證券單行の制度に復歸するか或は二證券の外に從來の預證券同樣の單行倉庫證券の發行をなす事を得るの修正を來議會に提出するの議ありといふ其理由は主として現行法の下に於ては嚴格なる手續の存する爲めに擔保として之れを使用するに事實上大に不便ありといふに存するが如し而して吾人も亦た不便の存することを認むるものなり然れども是れ發行上の主義に基く不便にあらずして其取扱上の規定に基く不便なるが故に故らに修正說の如く預證券單行主義に修正するの必要なきものにして唯だ取扱上に幾分の修正を加ふれば可なり

修正說中併行主義と單行主義を同時に行はんとするの說は最も不可にして寧ろ單行主義單行說を以て可なりとす何となれば若し一方に從來の預證者同樣の單行倉庫證券を發行する事を得るものとなす時は商人の慣習上何人も現行法の二證券を請求するものあらざるべければなり即ち併行主義の二證券は單に法に存するのみにして事實上其效用を失するに至るべし

第一節　倉庫證券の性質及び要件

寄託は固と寄託者にとりては貨物を自づから藏置するの煩を避くる事を得ると雖も貨物を處分するの點に於ては勢ひ不便を感ぜざるを得ず故に此の不便を廢除するの途なくんば能はず是れ證券の存する大目的にして屢々陳ぶる處なり故に證券は先づ成可流通を自由ならしめざるべからず而して更に其流通の効力を確實ならしめざるべからず

證券の流通を自在ならしめんが爲めには法律上當然裏書によりて轉輾するを得るの性質を有せしめざるを得ず舊商法に於ては寄託物の受取證書は記名式にても指圖式にても又たは無記名式にても發行する事を得るものとなし而して反對の明記なきときは裏書讓渡をなす事を得と規定せり乍併無記名式の預證券なるものは未だ曾つて有せざる處にして啻に現時に於て斯くの如きものを認むるの必要なきのみならず寧ろ反つて弊害の根源となるの虞あるべきを以て新商法にありては之れを廢し證券は凡て記名式のものに限り當然裏書を

以て質入賣買の用に供せしめ而して反對の明記ある場合に限りて之れを例外となせり(三百六十四條第一項)

證券に斯かる流通性を具有すとすれば從て其流通の運命を確實にせざるべからず若し其裏書の效力不確實にして證券と貨物が往々にして其權利者を異にするが如き事あるに於ては何人も安んじて寄託をなし證券の授受をなすを得ざるなり故に此種の困難を除去するの途を講ぜざるべからず是れ即ち商法に於て一旦寄託せる以上は寄託物に關する處分は必ず證券によらずして之れをなす事を得ず(三百六十三條)裏書によりて證券を讓渡したるときは貨物の讓渡と同一の效力を有す(三百六十五條)而して證券と引換にあらざれば貨物を出庫するを得ず(三百七十九條)とせる所以なり要するに證券上の權利者は常に貨物に對する權利者にして預證券の所持人は常に貨物の所有者となり質入證券の讓受人は常に完全なる質權者なり

證券の流通に斯かる强大なる效力を有する事は學者の所謂物權的效力と稱する處にして裏書讓渡に單に普通債權的效力のみを認むるに於ては到底然る能

はざるなり

物權的效力とは一の債權形式に物權の效力を認むる事をいふ蓋し債權と物權とは共に等しく人と人との關係を定むるものなりと雖も物權は物客なる特定の目的物及び客躰たる不特定人を要するに反し債權の目的は給付にして物は目的にあらず且つ客躰たる相手方も必ず特定すべきものなるが故に前者は常に人と物との關係を見み後者は常に物を見ざるの點に於て差異あり故に物權は直接に物の上に行はれ權利者は自づから進んで行使し以て一般人に對抗するを得るなり從つて物權の目的は何處に存在するも他人が之れに關して取得せる權利によりて妨げらるゝ事なく亦た同一の目的物に關して他人の有する債權を常に凌駕するものとす是れ即ち學者の所謂追及權及び優先權と稱する處にして物權の特質なり例之ば甲の所有物に付き乙が質權を設定したるときは甲の所有權は其質權の範圍丈け減殺せられたるものにして丙に其所有權を移轉するも乙の質權は其上に依然として完全に存在す是れ追及權の存する所以なり又た此の塲合に於て丙に對する債權者は乙の質權によりて減殺せられ

たる丙の所有權につきてのみ其債權を行使する事を得るものにして乙の質權は之れが爲めに毫末も障害さるゝ事なし是れ其優先權ある所以なり

債權は特定人間の關係にして物を目的とせず相手方の行爲を待つて初めて之れを全ふするものなり所謂債權の目的とは給付即ち作者不作爲にして物權の目的と異なり物にあらず物は債權關係に於ては唯だ目的の一要素たるのみ普通に物を以て債權の目的といふは實は便宜上の言葉に過ぎざるより例之ば特定物の引渡をなすべき債權關係に於て引渡なる行爲が即ち目的なり此の故に債權は相手方が其行爲を履行するによりて初めて其目的を達するものにして其物の上に直接に何等の權利を有するものにあらず要するに債權は一の請求權に外ならざるなり因是觀之れば債權の效力は單に當事間に對抗する事を得べきものにして其效力物權に比して大に微弱なり例之ば特定物の引渡の場合に於て債務者が其物を他人に引渡すときは債權者は其物に付きて最早讓受人に對抗する事能はず是れ二者權利の性質より生ずる效果の顯著なる差異なりとす

今預證券及び質入證券の場合に於て二證券は共に貨物保管の證として荷主に交付する處の信用形式なり故に其形式に於ては他日所持人が倉庫業者に對して貨物の引渡を求むる事を得べき若しくば質債務者に對する請求權を表示する證書に過ぎざるなり乍併倉庫業の本來よりして證券は流通的性質を有すべきものなるが故に若し單に其間に債權的効力のみを認むるに於ては證券の所持人は相手方に對して單に請求權を有するに止まり庫中の貨物の上に直接に何等の權利を有せざる事となり預證券の所持人は其所有權を主張する事能はず質入證券の所持人も亦た其質權を以て第三者に對抗する事を得ざるなり何となれば證券の所持人は現實に保管貨物の引渡を受け若しくは占有をなさゞればなり是れ證券の讓渡質入を確保する所以にあらずして證券は遂に流通を止むるに至るべし故に法は證券を以て貨物の代表者となし其讓渡は現實に所載貨物の引渡若しくば占有をなせると同一の効力あるものなし保管貨物に對して直接に其所有權若しくば質權を主張せしめ從つて優先及び追及の二權を認めたり

要件

證券の性質及び流通の効力斯の如し故に其轉輾を確實にし且つ容易ならしめんには證券面記載の事項をして區々たらしむべからず是れ法が其要件を一定する所以にして苟くも此の要件の一を缺ぐに於ては最早有効なる證劵にあらざるなり要件とは三百五十九條の定むる處にして

一　受寄物の種類、品質、數量及び其荷造の種類、個數並に記號

二　寄託者の氏名又は商號

三　保管の場所

四　保管料

五　保管の期間を定めたるときは其期間

六　受寄物を保險に付したるときは保險金額、保險期間及び保險者の氏名又は商號

七　證劵の作成地及ひ其作成の年月日

以上は當事者の何人も知らんと欲する處にして法は當事者の意思を推測したるに外ならず尙ほ法は右七項の外に證劵の番號の記載及び倉庫業者の署名を

要件の效力

なすべき事を命じたり(署名に關しては一時世上の議論二派に岐れ一は自記名ならざるべからずといひ他は記名版にて可なりといへり乍併立法上の精神及び解釋上何れの方面よりするも記名版は不合法のものにして今や法曹間の議論も已に自記名に一致したるが故に再び茲に陳べず)

以上は法定の要件にして此の要件を具備する上は已に有効なる食庫證券たるを得べし然るに實際上の證券に就きて見れば此法定要件の外に尙ほ約欵と稱して保管義務賠償責任若くば保險料藏敷料等に關して諸般の契約文言を記載するを普通とす總て之等の事項は所持人と食庫業者の關係を定むるものにして此の記載事項の外に寄託者と食庫の間に特別なる契約の存するも爲めに讓受人及び其他の第三者の權利關係に影響する處なし是れ倉庫證券の讓渡に物權的效力を認めたるの結果にして商法第三百六十二條の規定ある所以なり

第二節　食庫證券の交付

倉庫證券に二種ある事は曾つて之れを陳べたり即ち一は賣買讓渡の用に供し

交付の條件請求

一は質入擔保の爲めに供するものにして舊來の預證劵の如く一證劵を以て二目的に併用するの必要なく寄託者にとりては頗る便益とする處なり然れども賣買質入等金融上の便を欲せず單に保管せしむるをのみ目的とする處の寄託者に對して必ず證劵の交付を受くべきものなりと强ゆるの必要は全く存せざるが故に法は先づ寄託者の請求を俟つて後ちに交付すべきものとなせり(三百五十八條)

二證劵併行

倉庫證劵の交付は請求に應じて必ず預證劵及び質入證劵の二者を同時に發行せざるべからず決して二者を分離し各別に交付するを得ざるなり之れ或は不便にして各別發行を以て却つて利なりとなす場合なきにしもあらず然れども其不便たるや固より微々たるものにして同時發行を排斥するに足らざるのみならず實際上法律關係を複雜ならしめ立法上困難尠からざるべし叉解釋上よりして一時各別主義を主張するもの隨分ありしやに覺ゆ然れども其誤謬なる事勿論にして今は何人も此論を主張するものなきなり現今併行主義を以て不便とするの商人あるよりして日本貿易倉庫の如きは單

交付に關する倉庫の義務

行の預證券を發行する事となせり然れども此種のものは單に貨物の預狀たる債權的効力を生ずるに止まるものにして倉庫法の預證券たる特別の保護を受くるものにあらず從つて民法上の有償寄託の規定によりて其債權關係を支配せらるゝに過ぎざるなり

證券の交付は請求の際になすべきものにして普通の場合に於ては貨物受領の時に之れと引換に交付するものとす然るに證券は紛失其他の事由によりて再交付を要する事なしとせず此の場合に前證券と同一の事項を記載する事能はざるに於ては所持人は非常の迷惑を蒙るべきが故に法は此場合に備ふるが爲めに倉庫業者に命ずるに初めて證券を交付するに際し

一　前陳證券の要件第一號第二號及び第四號乃至第六號に掲げたる事項

二　證券の番號及び作成の年月日

の事項を其帳簿に必ず記載すべき事を以てせり

證券は又た一種の保管貨物に對して必ずしも一通づゝを交付するに限らざるなり寄託者の便宜上其請求に應して何通にも分割して發行する事を得べきは

勿論なりとす然しながら二證券は必ず双對的のものにして二者各別に其分割部分を異にするを得ざるなり

再交付

再交付の場合　證券は貨物保管の際に交付する處にして將來之れと引換に返還義務を果たさゞるべらざるものなるが故に同一證券が同時に有効に併存すべきものにあらず故に一旦交付せる以上は最早交付するの義務なきものといはざるべからず乍併或る事由に基く場合にありては倉庫業者に損害を與へざる限りは再び交付せしむるも毫も不可なきのみならず請求者にとりては非常の便宜といはざるを得ず其場合二あり

分割の場合

第一　寄託物分割の場合

一旦證券を交付したる後ちにありて或事情の爲めに寄託者に於て之れを分割するを必要とするに際し再交付をなすを得ざるに於ては寄託者にとりては非常に窮屈にして亦た經濟上の目的に適ふものにあらず普通の場合にありては各倉庫は斯かる請求には率ね應ずべしと雖も本來倉庫業者に於て此種の請求に應ぜざるべからざるの義務あるものにあらざるが故に特に法規を存せざる

に於ては未だ以て十分に寄託者を保護するものといふべからず是れ商法三百六十一條を置く所以なり乍然分割と同時に舊證券を返還すべきは勿論にして二證券が各別に流通するの間にありては決して分割を請求するを得ざるものとす又た此場合に於て倉庫業者は請求者の便宜の爲めに其本來の義務にあらざる行爲を作さゝるべからざるが故に之をして損害あらしむるは最も不都合と云はざるを得す故に分割證券の作製及び交付の費用は一切請求者の負擔に歸せしむるを當然とす

第二　滅失の場合

證券滅失の場合

寄託物の處分は證券によらすして之れをなすを得ず又た證券引換にあらざれば出庫するを得ず故に證券無きに於ては賣買質入等の處分をなす事を得ざるは勿論期日到來するも終に出庫するを得ざるなり是れ所持人の爲に再交付を必要とする所以なり乍然滅失したる證券が果して現存せざるや否や若くば再交付の請求者は眞正なる權利者なるや否やは倉庫業者の方面よりしては容易に斷定出來ざるにも拘はらず直ちに之を交付せしむる時は往々一の貨物に對

して同時に證券の流通する事あるべきを以て此點は十分に豫防せざるべからず新商法實施前にありては此の場合に於て公示催告をなし除權判決確定後にあらざれば新證券を交付する事なかりしと雖も斯くては無用の時日を經過し所持人の不便少なからざるが故に新商法に於ては相當の擔保を供せしめて直ちに交付する事となし以て一面には倉庫業者のために危險を防ぎ他面には請求者の便益を圖れり唯だ滅失して其現存せざる場合に於ても擔保を供せしむるは全く無用の事なるが如しと雖も現存するや否やはこれを證明する事難きが故に總べて滅失ありたる場合に此の負擔をなさしむるは過失ある請求者にとりては不得已の事なりとす(三百六十六條本文)

滅失の事由に基く場合に證券を再び交付するときは往々二重の證券流通する事あるべきが故に後日權利の爭を生ずる事あるべし故に後日の證據として再交付の事を倉庫の帳簿に記入し置くの必要あり(三百六十六條但書)

擔保の返還時期に關しては商法に格別の規定なしと雖も擔保の必要は固と正當なる權利者に對して不正の行爲を防止するにあるが故に權利者確定する以

上は最早其必要なきものなり而して斯かる場合に於て權利者を確定するの途は除權判決に依るの外なきが故に各倉庫は大抵其營業規則若しくば證券面に其旨を記載せり

第三節　倉庫證券の流通

裏書移轉

預證券は賣買讓渡のために專用し質入證券は質入擔保にのみ供用すべきものにして互に混用すべからざるものなる事は屬次陳ぶる處なり而して其流通の方法は手形と同じく裏書交付によるものにして所謂性質上當然指圖證券たるものなり故に假令指圖人に讓渡し得べき事を明記せざる純然たる記名式のものと雖も原則として裏書移轉するを得べきものなりとす蓋し預證券及ひ質入證券は共に荷主が其貨物を處分せんとするに當り現實に之れを移轉するの不便を除去せんがために設けたるものなるが故に立法上より當事者は一般に常に證券を流通せしむるの意思を有するものなる事を推測するは穩當の事なりといはざるを得ず乍併當事者が流通を欲せざるにも拘はらず之れを強ゆるの

流通上の利限

理由は毫も存するものにあらず從つて此の場合には例外を設くるの必要あり只だ如何なる場合に流通を欲せざるやは之れを知る事を得ざるを以て當事者が證券面に裏書禁止の旨を記載したる場合に於ては流通する事を得ざるものとせざるを得ず(三百六十四條一項)

寄託者は其欲する處に從ひ證券の裏書をなす事を得るは勿論なり乍然未だ質入をなさざるの間は預證券を單獨に讓渡すを得ず何となれば質權は固と質債務者に於て質入貨物の上に權原なくして之を設定する能はざればなり今假りに質入前に預證券のみを分離して讓渡す事を得るとせんか他日質入をなさんとするに當りては其貨物は業に他人の所有なるが故に濫りに他人の物を處分するの嫌あり加之ならず預證券の所持人は不知の間に自己の所有物の上に質權を設定せられ迷惑少なからざるべし是れ三百六十四條第二項の存する所以にして質入前に於ては二證券は必ず同時にするにあらざれば讓渡す事を得ざるなり換言すれば第一質權設定後初めて二證券を各別に流通するを得べし第一質權設定後に於て質入證券は任意に流通するを得べしと雖と必ず第一質

第一質權設定上の要件

權額の範圍內に於て裏書せざるべからず何となれば何人も自己の有するより多くの權利を處分するを得ざればなり加之ならず若し此制限なきときは前段の理由と同じく預證券所持人が迷惑を蒙る事大なりといふべし故に第二以下の質權者は必ず原債權の範圍を知るを要す是れ法か特に一條(三百六十七條一項)を設けて第一質權設定の際に必ず裏書すべき所の要件を定めたる所以なり即ち辨濟期、債權額、及利息の三つを以て要件となす

以上によりて質入證券は完全に流通する事を得べし然るに之れと同時に預證券は他方に於て別に轉輾流通するものなるが故に質權者は以上の行爲のみを以て第三者に其質權を十分對抗する事を得べきものとするときは第三者就中利害關係最も深き預證券の所持人は非常に迷惑を蒙らざるを得ず何となれば預證券の所持人は質權設定の事は之れを知るを得べしと雖も

一　寄託物の上に存する質債權の範圍

二　質權者

三　辨濟の時期

は到底之れを知る事を得ず從つて自づから進んで之れが辨濟を爲すの途なく若し質權者即ち質入證券の所持人が現出せざるに於ては終に寄託物の出庫をなすを得ざればなり加之ならず一旦質入したる後ちにありては預證券の價格は其丈け減殺せらるゝ事となり常に質債權額の多寡と逆比例をなすものなるが故に質債權額等に於て不明なるときは到底其價格を定むる能はず其結果預證券は遂に流通を止むるに至るべし然るに預證券の所持人をして以上の諸點に付きて知る事を得せしむるに於ては毫も其弊なきが故に法は第一質權者をして債權額、利息(實際上利息は質入の際に仕拂濟となすもの多し)及び辨濟期を預證券裡面に記入せしめ而して自づから署名するにあらざれば第三者に對して其質權を主張する事を得ざるものなりとせり(三百六十七條二項)

要之するに質權者は其質權を對抗せんには必ず預證券裡面に法定の要件を記入せさるべからさるが故に若し記入をなさゝるに於ては預證券讓受人は完全なる所有權を有する事となるべし

質權の設定を預證券及び質入證券を記入する事は一般商人の大に不便とす

る處にして此點に於ては從來の白地の儘に任意に處分する事を得し事を以て頗る優れりとなすが如し然れども此不便は主として從來の慣習上より來れるものにして倉庫證券の性質上殊に併行主義を採る以上は是非とも裏書せしむるにあらざれば正確に當事者間の關係を認むる能はざるなり
唯た玆に一の不便として吾人の批難する處は將來盛んに行はるゝ處の根抵當の場合にして質入證券を以て債務の根抵當に充てんとするときは到底現行法の手續の下には行ふ事能はざるなり何となれは根抵當を設定するときは單に約定高のみ一定するものにして現實の債權高は常に不定なるが故に到底預證券及び質入證券の裏面に法定の要件を記入する事を得ざれはなり故に此場合は普通の質入の場合に反し例外として他に便法を設くるを必要とす現時或地方に於ては此不便を避けんが爲めに二證券附着の儘之れを他の株券等の如く委任狀を附して擔保に差入れしむるものありと雖も是れ元より合法の行爲にあらず從つて債權者の爲めには危險の方法といふべし何となれば第三者に對して其質權を主張する事を得ざればなり

又は之れに類似の方法として一方には約束手形を振出さしめ他方には之れが擔保として法定の手續を踐みて質權を設定したる二證券を附着の儘に呈供せしむるあり此方法は日本銀行其他に於て採る處にして債權者にとりては最も安全なりと雖も債務者にとりては頗る不利なり即ち此方法によるときは債務者は約束手形と倉庫證券とによる二重の債務を負擔する形となるべし要するに此方法は小膽なる債權者の所爲にして債務者及倉庫を全く信用せざるものなり

尙ほ一の不便とする處は往來の預證券は何回も之れを質債務の擔保として使用するを得しに拘はらず質入證券は一回辨濟したるの後は更に新證券に書替をなすにあらざれば能はずといふにあり吾人は現行法は斯の如き精神なるやを疑ふと雖も立法者の意見は玆に存するが如し果して然らば吾人は玆に預證券所持人より辨濟したる塲合なるときは同一質入證券により更に第一回質入同樣の手續を以て質入に供する事を得るの規定を追加せられん事を望む

全部の出庫

供託方法

第五章　貨物の出庫

預證劵及質入證劵を交付したる場合に於て之れと引換にあらざれば貨物を出庫するを得ず故に二證劵が同一人に屬したる場合に於ては所持人は隨時返還を請求する事を得べし然るに二證劵が分離して流通する場合に於ても尙ほ此規定によらざるべからずとするときは預證劵の所持人は質入證劵を得ざるべからず質入證劵を得んには質權者に就きて其債權を消滅せざるべからず然るに質入證劵は各別に流通するものなるが爲めに預證劵の所持人は質入證劵が果して何人の手に存するやを知らざる事多かるべし設し之れを知り得るとするも未だ辨濟期の到來せざる爲めに質權を消滅する事を得ざる事あるべし其結果遂に出庫の好期を逸する事なしとせず此の故に斯かる場合に於ては質權者の利益を害せざる限りは可成便法を設けて預證劵所持人の便益を保護せざるべからず是れ供託の方法を認むる所以なり

供託は曾つて陳べし如く法令又は裁判所の指定せる場處に辨濟の目的物を寄

供託の條件

託し一面には債權者をして其債權を完ふせしめ他面には過失なき債務者をして其負擔を免れしむるの方法にして辨濟期到來したるに於ては債務者は總て民法の規定に從ひ此の便法によりて其債務を果たす事を得るものなり而して債務は第三者(利害關係を有する第三者は倘更の事)よりして之れを辨濟するを得る事も亦た民法の認むる處なり故に質權付所有權を取得せる預證券の所持人が辨濟期に至りて質入主に代りて債務を辨濟せんが爲めに供託をなし得る事は殆んど言を待たず然しながら辨濟期の到來せざるの間に於て供託をなさしめんには特別なる法規なくんば能はず何となれば辨濟期前に債權者の同意なくして辨濟を强ゆる能はざればなり此の故に法は預證券所持人の便宜の爲めに特に第三百八十條の規定を設けて之れを許せり然れども此の場合に於ける供託の方法は固と預證券所持人に對する特典なるが故に之れが爲めに質入證券所持人の利益を害する事あらしむべからず之れ法が供託者をして辨濟期迄の利息及び債權金額を提供せしむる所以にして之れが爲めに何人も不利益を蒙る事なきなり

茲に一言注意すべきは供託すべき利息は辨濟期迄の分にして決して供託期迄の分にあらず是れ元より當然の事にして殆んと辨を要せずと雖も若し規定なきときは疑を生ずべきが故に特に明規したるものなるべし

倉庫上の契約に於て預證券及び質入證券が分離したる後に於て質債務者の何人なるやは立法者中にも議論あるが如し或説によれば預證券の讓受人は質債務も共に讓受くるものにして倉庫證券の質債務者とは必ず預證券最後の所持人なりといへり此種の論は法理上元より傾聽するの價値ある事言を須たず然れども立法論としては兎も角解釋論としては論者の自白するが如く質債權者と債務者が互に何人なるやを知る事を得ざるの點に於て大なる不都合を釀するものにして例ば三百六十八條の如きは何人に就きて拒絕證書を作製する事を得べきやを決する事能はず故に解釋論としては全篇の結構上第一の質入裏書人を以て債務者なりと解する事を穩當とす

然れども此說は大家の主張する處なれば元より容易に是非すべからず唯だ之れに卑見を加へ記して以て讀者に示すのみ

供託の場所に關しては法は倉庫に於てなすべき事を命ぜり然るに實際に於て倉庫は現金の取扱をなすを欲せざる事普通なるか故に債權銀行に特約して銀行へ入金するの方法を採るもの多し

預證券の所持人は供託の方法によりて貨物を出庫せしむるを得る事斯の如し供託金は後日に至り質入證券と引換に交付するものにして二證券の運命は玆に全く終了するものなり

今實際に付きて少しく陳述せんに普通債權者は銀行なるが故に銀行と倉庫は特約をなし質權設定ありたるときは其旨を銀行より倉庫に通知する事となせり故に供託せんとする預證券の所持人は倉庫に就きて債權者の何人なるやを知る事を得るの便あり依つて供託せずして直ちに質權者たる銀行に就きて辨濟する事を得べし然れども此方法は元より銀行と倉庫の間に特約ありて初めて行はるゝものなれば特約なきものゝ間には依然として供託せざるべからざる事言を俟たず(利息は質入の際仕拂濟となすか如し故に辨濟期前の辨濟ありたるときは割戻をなせり)

以上は全部の出庫に就きて論じたり次に生すべき問題は一部出庫の問題にして其可否若くは方法に付きては最も議論の八ヶ間敷處なり以下順序を立てゝ之を研究すべし

一部の內出

元來內出に關して議論の紛々たるは倉庫法に於て證劵所載貨物の一部出庫に付きて何等の規定なきに拘はらず我商慣習は盛んに內出方法によりて金融上の便宜を得つゝありしが故なり

第一の問題として一部內出は現行法の認むる所なるや否を決せざるべからず然るに此問題に對しては吾人は是非とも二つの場合を分つの必要あり

全部供託

一　一部の出庫の爲めに全部の債權額を供託する事は元より法規上差支なき處にして又た質權者を害する事なし故に此點に關しては何人も異論なき處なり然れども此種の行爲は何人もなす事を得ざる處にして殆んど空論なり故に議論の歸着する處は相當の金額を提供して一部の出庫をなし得るや否やにあり

二　相當金額に付きては供託說と辨濟說あり今先づ順を追ふて之れを研究せ

一部供託

んに供託説とは一部の供託金を倉庫に提供して相當の內出をなさんとするにあり此說は固より三百八十條の全額供託の規定よりして預證券所持人に此權利ありとなすものにあらず此點に於ては他の非一部供託論者と共に一致する處なり故に其主張は商業上の便宜を圖らんとするの趣意に出ずるものにして其論ずる處なりといふを聞くに

質權者が貸金をなすは元と證券面所載の貨物全部を擔保としたるものにして一部に着服したるものにあらず故に內出部分に割當てたる供託金を以て勝手に出庫をなす事は質權者の權利を害するものなり唯だ此塲合に質權者と倉庫と特約あるに於ては不都合なしとするも質入證券は流通的のものなるが故に他の質權者に移轉したる塲合には最早此契約の效力を及ぼす能はず止むを得ずんば相當の供託金をなして內出する事あるべき旨を豫め證券面に記載し置くに於ては質權者は質權設定の際に內出を承諾する事となり前陳の不都合を避くるを得べし

之れに對する反對理由なるものを見るに

一部託供の不法

前說の如き不完全なる契約文書を證券面に記載するは抑も倉庫業の特權の範圍を越ゆるものにして其信用を確保する所以にあらず且つ前說の如き約定文書は質入證券の實躰は或部分は貨物にして他の部分は金錢なる事あるべき事を示すものにして確實に現物を保管するが爲めに現物の授受と同一の效力を有する證券の信用を害するものなり加之ならず一部の供託金に對して質權者の有する處の權利は必ず質權ならざるべからず果して然ば物權は法規によりてのみ設定し得べきものなるにも拘はらず契約によりて如何にして此種の質權を設定する事を得べきや殊に叉た貨物は其一部を內出したるが爲めに其殘餘部分の價格に影響する事なしとせずこれ亦た大に債權者に不利益を來す處なりされば質權者の同意なくして倉庫は如何に相當金額の高を決定する事を得るや

吾人も亦た第一說の大なる誤解なる事を認むるものなり第一說の根據とする處は質權者と倉庫と特約あるに於ては一部の供託をなす事を得るといふにあり然れども吾人は此點に於て絕對的に反對するものにして供託なるものは元

來契約を以て之を行ふ事を得ざるものなりと固く信じて疑はざるなり供託は常に陳ぶるか如く過失なき債務者の爲めに法が特に辨濟の一手段として認めたる特權にして法規なくして之を行ふ事を得ず之れ供託の法理上何人も異論なき處なり故に倉庫法第三百八十條の如きは此法理よりして債務者をして辨濟期前に特に行ふ事を得せしめたる處に外ならす（辨濟期到來の後ちに於て供託をなし得る事は元より民法の認むる處にして特に商法に規定する必要なし）然るに此觀念を忘却して辨濟期前に債務の一部を供託し得るの契約を結ぶ事を得へしとなすは非常の誤斷といはさるべからず

近頃聞く處によれば或一派の商人は此特權を法規の中に加へんが爲めに運動しつゝありといふ若し此說にして當局者の容るゝ處となり法規の中に明文を存する事となれば法律上此點に關しては最早疑惑を生ずる事なかるべし然りと雖も是れ倉庫を過大に信用するものにして一面には質權者の利益を害するの譏を免るゝ事能はざるなり從來內出に際して一の弊害とする處は好部分先づ出庫して劣等部分の殘存するにあり然るに倉庫は果して能く

他人の債權を保全するが爲めに此點に付きて十分の監督をなし得るや否や次に又た倉庫は一部供託の金額を決定するに付きては是非とも比例的に之を算定するの外途なかるべし然るに商品は時々刻々其價格を動搖するものなるが故に債權者の意思は決して此方法を以て滿足するものにあらず故に債權者は後日に至りては大に迷惑を感ずる事あるべし

要するに此方法は一見公平なるが如くにして其實は一方の迷惑を以て他方の便宜に代ふるものといはざるべからず

一部辨濟

以上論ずる所により供託說の不當なる事明かなり故に現行法規の下に內出を行はんと欲せば必ず辨濟說によらざるべからざるなり辨濟說とは債權者に就きて相當の辨濟をなし其承諾を經て內出を行ふにあり然れども此說の缺點とする所は法規上債權者の何人なるやを知る事を得ざるにあり(第一質權者より移轉すればなり)故に此不便を避けんには倉庫と質權者の間に特約して質權の設定ある每に之れを通知するを可とす即ち辨濟者は倉庫に就きて質權者の何人なるやを知る事を得べし

此方法によれば質權者と倉庫と特約なきときは質權者は倉庫に於て遂に之を知る事を得ざるが故に此場合に於ては內出をなすを得ざるなり是れ元より不便なるに相違なしと雖も現行法上止むを得ざる事といふべし

辨濟による內出に付きては尙ほ茲に注意せざるべからざる事あり即ち內出後に於ける證券の流通に關するの問題なり元來此種の內出は法律の規定に從つて行ふ所にあらずして單に當事者の間に契約を以て之れを行ふに過ぎざるか故に其効果を第三者に及ぼす事を得ざるなり今試みに內出後の證券を流通せしめんか元來貨物は證券と引換に引渡すべきものなるにも拘はらず尙ほ引換未濟の一種の證券を存し而して其讓受人は殘存貨物に付きて權利を有すべきものとなるが故に他人間の特約の効果を受くる事となるべし(此種證券は流通的にして所持人と倉庫との關係は證券發行當時の所載文言によりて同一なる事を要すべきものなれば)加之ならず流通の結果特約なき質權者へ質入證券を移轉するときは預證券の所持人は最早內出をなす事を得ざる事となり其他各種の不便を生じて當事者間の關係を複雜ならしむるの弊あり故に法律上より

するも斯かる曖昧なるものを存する事を許さゝるのみならず又た商業上好ましき事にあらず從つて二證券共に裏書讓渡を禁ずるを以て適當とす

一部出庫の實際上の取扱

以上によりて吾人は一部内出に關する議論の大躰を陳べたり今試みに商法實施後に於ける倉庫業の實際に就きて之れを觀察するに一部供託一般に行はれ唯だ一二の倉庫に於てのみ辨濟說の實行さるゝ事を知れり

多數の塲合

一部供託の方法を採る處の倉庫が發行する所の證券は其券面に必ず左の文言を記載せり即ち

預證券の所持人は相當の供託金をなして保管貨物の一部を出庫する事を得と此方法の不完全なる事は曾つて陳べたる處なり然れども現時一般に實行さるゝ處の方法にして就中大阪地方に最も行はるといふ

此種の方法を採るものゝ中にも亦た二種あり一は債權銀行(普通の質權者)と全く特約せざるものにして一は特約を存するものなり若し一部供託を以て正道なりと假定せば必ずしも特約するを要せず然れども茲に特約を存するもの〻ある所以は一は倉庫に於て現金の保管をなすを欲せざると一は質權者に於て倉

庫に金錢を託するを欲せざるとの双互的合致の動念に基くものにして其特約は全く供託金を質債權銀行へ當座預金として預け入るゝにあり此方法は一見銀行者にとりて安全なるが如しと雖も銀行者の想像するが如く確實なるものにあらず何となれは銀行は供託金の上には質權を直接に有すべけれども(一部供託を合法と假定し)當座預金は倉庫が銀行に對する一の債權に過ぎざれはなり

元來供託は辨濟の一手段にして其效果に於て大差なきか如しと雖も實際上に於ては取扱上大に利害關係あり即ち一部の供託とするときは其額は倉庫と預證券所持人の間に於て決するゝ處にして一部の辨濟となす時は之れに反して質權者と預證券所持人の間に於て決するものなり從つて前者にありては質權者は間々他日不滿足を感ずる事あるべし故に此點を補ふか爲めに銀行と倉庫間の特約を以て供託金は銀行の同意なくして之れを定むる事を得すとなすものありといふ然れども是れ頗る迂策にして寧ろ供託を廢して辨濟せしむるに若かざるなり又た辨濟は其關係預證券と質入證券の所持人間

少數の場合

に止まり而かも一部の債權を解除し了れるものなるに反し供託は倉庫に於て行ふ處にして倉庫は債權者の爲めに現金を一時保管せざるべからざる義務を有し辨濟期の到來する迄其危險を負擔せざる事を得ず加之ならず倉庫にして若し一旦其保管の方法を失するときは質權者は爲めに損失(辨濟なれば免るゝ事を得べかりし處の)を蒙る事なきを保せす

一般の倉庫が一部供託の方法を採れるにも拘はらず當初より固く辨濟方法を實行し來れるものは吾人の知る處にては日本貿易倉庫ありしのみ吾人は其際よりして其方法か現行法の下に於ては最も完全せるものなる事を認めしが近時に至りて東京倉庫株式會社も亦た此方法を採用するに至れり吾人は爾後益此制度の行はれん事を切望に堪へざるなり

今試みに參考の爲めに日本貿易倉庫と質權者(銀行)との間に訂約せる趣意を摘載せんに

特約銀行(以下單に銀行と書す)が日本貿易倉庫(以下單に倉庫と書す)の質入證券に付きて貸金をなしたるときは債權通知書質入證券番號、記號、品目、個數及寄託者の氏名を書したる質權設定の通知書にして末文に『前記貨物內出の節は本證券(質入證券の事)貴社へ差出可申候間自今裏書讓渡を禁ずる旨御記入被下度候尤內渡請求の都度貨物內渡請求證は貴社へ交付可致候也』との附記あり)を交付し倉庫は之を元簿に記入し債權記入通知書(債權通知書の如く質入證券番號以下の記入をなし同書の末文に對して承諾をなせる旨を認たぬたるもの)を銀行に交付す

預證券所持人にして質入貨物の內受取を請求し銀行へ內入金を辨濟したるときは銀行より貨物內渡請求證(寄託主の姓名、預證券番號、質入證券番號、倉庫番號、記號品種及第一回內出個數等を記入し尙ほ右內出貨物に對する辨濟金受領したるに付き同番號預證券所持人へ引渡すべき旨を記載したるもの)を辨濟者に交付し辨濟者はこれを倉庫に呈示して內出をなす事を得

第一回內出ありたるときは銀行は右質入證券を倉庫に持參してこれに裏書讓渡禁止の記入を求むべきものなり倉庫は又た辨濟者をして其の持參せる預證券の裏面內受取欄內に內受取事項を記入せしめ且つこれに裏書讓渡を禁ずる

旨を記入して預證劵所持人に還付するものとす

斯くて債權全部の辨濟ありたるときは銀行は質權解除通知書を倉庫に交付し質權關係玆に全く消滅す

以上に於て我倉庫が内出に關して行ふ處の方法の實際に就きて其大躰を陳べたり然れども取扱上の裡面に於ては十八十色ともいふべき有様にして倉庫法の完全ならざるとと其實施日尙ほ淺きの結果實に止むを得さるなり元より經驗を積むに從ひ各倉庫を通じて一定の慣習方法を生ずべきや疑なしと雖も現時の如き景况は商業上甚だ忌むべき現象にして若し法規の修正によりて之を匡正し得べくんば一日も早く之れに修正を行へ以て商人の歸向する處を一にせん事切望に堪ゑざるなり

第六章　競賣附たり質權者の請求權

玆に競賣といふは廣く競賣に關して論ぜんとするの趣意にあらず商法第三百六十八條以下に規定する處の質入證劵所持人が其權利を執行せんが爲めに行

ふ方法にして特別なる場合に關して陳べんとするに外ならず

倉庫證券に付きて質權を設定したる場合に於て質入證券の所持人が辨濟期に至り質債務者若くば預證券所持人より辨濟を受けざるときは質權當然の性質よりして保管貨物に就きて其請求權を執行せざるべからず然れども此場合に於ける質權は普通の場合に反し質權者は裏書により權利を讓渡すものにして又た貨物の所有者は預證券と共に他に移轉して之を知る事能はず故に普通の方法に依らしめずして特別の方法に依らしむるを必要とす是れ商法に別段に競賣規定を存する所以なり今商法によれば此場合の競賣は

特別競賣及其條件

一手形法の規定に從ひ拒絶證書を作製せしむる事(三百六十八條)

二拒絶證券作製後一週間を經過する事(三百六十九條)

條件を要する理由

右二條件を具備するにあらざれば競賣を請求する事を得ずとせり其理由の存する處は一は質入證券裏書人に關し一は預證券の所持人に關するものにして二者を保護するの趣意に出づるものなり蓋し質權者は後ちにも陳ぶるが如く競賣代金を以て其債權を完濟する事を得ざるときは其不足額を前者に對して

請求するの權を有するものなるが故に質入證券の裏書人は重大なる義務を有するものといふべし双た預證券の讓受人は質權付所有權を取得したりと雖も質權者に於て質權執行を行ふ時は直接の債務者にあらざる他人の物を處分するものなり此故に質權者をして輕易に處分をなさしむるは質權者の保護は至れりとするも質入證券の裏書人及預證券の所持人に對しては薄きの感なくんば能はず故に質權者をして債務の不履行なりし事を確保せしめんが爲めに拒絕證書を作成せしむるは穩當の規定なりといはざるべからず

競賣は元來止むを得ざる場合の方法にして出來べくば質債權の本旨に從つて辨濟を得せしむるを適當とす然るに法は二證券の所持人互に相知らざる事を推測するが故に若し拒絕證書作製後直ちに競賣を請求し得るものなりとなすときは預證券、所持人は往々自己の不知の間に其貨物を處分せらるゝ事あるべし故に可成預證券所持人をして債務を辨濟するの機會を得せしむるは双方の利益とする處なり是れ第二の條件の存する所以なり然れども其期間餘りに長きに失するは債權者を保護する所以にあらず故に法は之れを一週間と定め以

て當事者双方の利益を調和せり

以上の二條件を具備せざるに於ては質權者は遂に競賣の請求權を失するものなり之れ質權者に酷なるが如しと雖も法は怠慢なる權利者を保護するの必要なきものといふべし

競賣代金の處分方法

競賣代金の處分方法　競賣は本と質債權辨濟の目的を以て行ふものなるが故に一見競賣代金を以て直ちに其債權に充當する事を得るが如し乍併競賣に關する費用、寄託物に課すべき租稅、保管料其他保管に關する費用及び立替金の如きは或は民法の規定により當然倉庫業者に先取得權を有するものあり或は假介民法に於ては有せざるものと雖も倉庫業者の保護上先取得權を有せしむる必要あるものにして(三百七十七條參照)商法第三百七十十條に於て先づ此等の費用を競賣代金中より控除すべきものとなせり故に質權者は其殘餘代價に就きて初めて其債權額利息及拒絕證券作製の費用を辨濟する事を得るものとす然るに以上の費用を控除するも尙ほ剩餘を存する事あるべし此場合に於て其剩餘金の預證券所持人に歸すべきは當然なるが故に他日預證券と引換に其所持

代金を以て債權を完濟する事能はざる場合

人に支拂ふべきものとなせり
質債權者は通常寄託物に重きを置くものにして之れによりて其權利の範圍を定むるものなるが故に競賣代金を以て其債權を完濟するを得ざる事は少かるべしと雖も間々一部の損傷或は價格の暴落せるが爲め寄託物に就きて十分に辨濟を得る事能はざる場合あるべし斯かる場合に質權者は質債務者に對して其不足額を請求し得る事は勿論更に又質入證券の裏書人は被裏書人に對しては皆な質債務者の地位に立つものなるが故に恰も手形の償還請求權の如く質入證券の所持人をして債務者其他の裏書人に對して不足額請求の權利を有せしむるは當を得たるものなり(第三百七十二條)然るに質入證券は本來競賣代金と引換に倉庫業者に返還すべきものなれば若し此の場合に特別の規定存せざるに於ては質權者は不足額の請求上非常の不便を感ずべし故に特に例外を設けて競賣代金を以て債權の全部を辨濟する事能はざるときは倉庫業者は質入證券を質權者に返還すべきものとなせりされど從來の形躰の儘に之を返還する時は競賣代金に依りて受けたる辨濟額不明にして從つて裏書人及び所持人

質權者に怠慢ありたる場合

間の權利關係も亦た不明確なるべきが故に債務者其他の裏書人は往々にして過分の支拂をなす事あるべく否らずとも法律關係を複雜ならしむべきが故に法は倉庫業者をして質入證券に競賣代金を以て支拂たる金額を記載せしめ且つ後日の證據の爲に其旨を帳簿に記載し置くべき事を命せり(第三百七十一條)前段陳ぶる處により債務者及裏書人は一旦不足の請求に應ずべきものなりと雖も裏書人は元來債務者と異なり一旦は質權者として存せしものなれば債務者が支拂をなさゞるが爲めに之れと同じく永く此の重大なる責任を負はしむるは不當なり故に質入證券の所持人(質權者)にして正當に其權利を行使するに於ては格別なりとするも苟くも怠慢ある以上は之れが爲めに其義務を免れしむるを至當とす即ち

一 辨濟期に至り支拂なき場合に拒絕證書を作製せしめざりし時

二 假令拒絕證券を作製せしめたりとするも二週間內に競賣を請求せざるとき

以上の二場合は共に明かに質權者に怠慢ありたるものなるが故に質入證券の

三百七十三條に對する疑義

裏書人に對して不足額を請求するを得ざるものとす然しながら債務者に對しては尙ほ請求權を失はしめざるが故に第二の場合に於て二週間を經過して競賣を請求したる場合に不足額を生ずる時は獨り債務者に對しては其請求權を行使する事を得るものとす唯だ此の第三百七十三條に於て少しく疑の存するは若し本條の請求權は商法の理由書に示す如く不足額の請求權なりとせば第一の場合は實に無用の文言にして又た徒らに疑義を增すものなり何となれば拒絕證書を作らずして競賣を請求する事能はず競賣なくんば不足額を生ずるの理由なければなり故に此の場合に於ては啻に裏書人に對して不足額を請求する事を得ざるのみならず債務者に對しても亦た請求する事を得ず換言すれば此場合には請求權の目的即ち不足額なきものにして事實不能の事なりといふべし然るに特に裏書人に對する請求權を失ふと記載せるか爲めに往々債務者に對しては請求權尙ほ存ずるが如くに解釋せらるゝの弊あり或は云く此場合の請求權は不足額の事にあらずして債權の全部なりと若し果して然りとせば商法は一面に於ては其三百七十二條を以て先つ寄託物に就き

質入證券所持人の請求權に對する時效

て辨濟を受け不足あるに當りて初めて前者に請求すべきものとなし而して又た三百六十八條に競賣は必ず拒絕證書を作製するを要する旨を明記せるにも拘はらず此要件と順序を無視したる債權者をして直接に債務者に就きて其請求を行ふ事を得せしむるものなり然るに若し質權は其不履行の場合に於ては先づ質物を措きて他に之れか執行をなすべきものにあらすとせば此の規定の裏面は債務者に對しては法定の手續を要せざる事となり而して預證券を己に他へ裏書したる債務者にとりては非常に保護を缺くものといはざるべからず要するに前後二說何れにするも明瞭なる規定にあらず(第二の場合も無用なりといふにあらず)是れ吾人の大に疑ふ處なり

以上のごとく質入證券の所持人は裏書人若しくば債務者に對して請求權を有すると雖も前にも陳べたる如く此の義務は裏書人及債務者にとりては隨分重大にして普通の時效(商時時效は五ケ年間)によりて初めて消滅するものとする時は非常に酷に失するものといはざるべからず殊に普通の債權に反し債權者は寄託物競賣に依りて擔保さるゝの利益を有するものなるが故に特に短期の

時效を認むるの必要あり加之ならず此場合に於ては當事者の關係複雜なるが故に永く義務を不確定ならしむるは後日に至りて難問を惹起するの嫌なき能はず故に第三百七十四條に於て辨濟期より一年間を經過するも尙ほ請求權を行使せざる時は時效によりて消滅すべき事を規定せり

第七章　附隨的業務

倉庫の附隨的業務

以上章を分つて論究せる處は倉庫業の主要的業務にして曾つて陳べたる如く此業務を執るに於て業に已に倉庫業たるを得べく商法の規定する處も亦た此點にのみ關係す然るに歐洲にありては勿論帝國に於ても從來附隨的業務として荷主の便益の爲めに各種の業務を行へり即ち貸庫、代金取立取扱、保管貨物移轉取扱、通關手續取扱火災保險及顆賣等之れなり

一貸庫

一、貸庫　倉庫は貨物の保管に差支なき限りは時期を見計らひ一定の貸庫料を徵收して貸庫をなすことあり此の場合に於て倉庫は豫め貸庫期間と入庫すべき貨物の種類を定め倉庫を區劃し其鎖鑰を借庫主に引渡すものにして借庫主

は契約期間中何時にても契約上の貨物を自由に出入する事を得然るに此の場合に於て倉庫は貨物の保管者にあらざるが故に證券の交付をなさゞるは勿論所謂倉庫業としての責任は一切帶びざるものにして貸庫中の貨物に紛失損傷等あるも決して賠償するの責任なきなり然しながら藏置中貨物に腐敗、蟲入若しくば變性等の徵候を發見するときは借庫主へ通知して速かに出庫せしむるを普通とす又た借庫主は通常契約上借庫に損傷を生ずるときは倉庫に速かに通知すべきものにして若し其損傷にして借庫人の不注意に基くものなるときは又たは倉庫保管の貨物に損害を與へたるときは借庫主は之れを辨償するの義務を有するものとす

二火災保險の取扱

二火災保險の取扱　倉庫は素より保險者としての業務を取扱ふものにあらず唯だ保險會社と特約をなして保管貨物の權利者及び自個の爲めに低廉なる保險料を以て保管貨物を保險に付するを普通とす即ち寄託者の爲めには自己の名を以て代理行爲をなすものなり

保險は實際上荷主の希望を俟つて之れが取扱をなすものと苟くも保管したる

以上は總て倉庫に於て被保人となり契約するものゝ二あり然れども一旦保險を付したる以上は必ず倉庫證劵面に記載すべきものにして曾つて陳べたる處なり

保險契約は素とより茲に一々明記する事能はず然れども大躰上保險の期間は貨物の入庫より出庫に終るものにして其間に若し内渡ありたるときは其割合に應じて保險金を減少し而して保險金は貨物の時價に超過する事なし保險料は保險料として特に徵收するも又た保管料の中に包含するも契約の方法によりて差支なし倉庫の義務としては庫中に火氣を取扱ふ事は最も禁ずる處にして保險會社は又た臨時庫內を點檢する事あるも檢查の義務は有せざるものとす總て此等の事項は卒ね火災保險會社との特約中に存する處の事項なるが如し

三庫移取扱　茲に庫移といふは甲倉庫より乙倉庫に藏置貨物の移轉を爲す事をいふ我國の如き商業の程度に於ては倉庫業も未だ其作用十分ならざるを以て餘り廣く行はれざる處なりと雖も近き將來に於ては盛に其必要を生ずべき

や明かなり例へば甲地の倉庫に預け置きたる貨物を乙地に於て受取らんとするときは其旨を甲地の倉庫に通知し預證券に乙地渡の裏書を受け乙地に於てこれと引換に其貨物を受取る事を得る處の方法なるが故に預主の爲めには非常に便宜にして商業の發達と共に倉庫業者の重要なる附隨的業務となるに至るべし然れども此方法は甲乙兩地間の倉庫に營業上の聯絡なくして行ふ事能はざるものなるが故に必ず特約あるを要す今試みに阪神二地の某々倉庫間に約定する處のものに就き其取扱方の大躰を示さんに

（い）庫移する事を得べき物品　貨物の庫移は未だ引取をなすものにあらずして倉庫は貨物の運搬中は責任を免るゝ事を得ざるが故に運搬をなすが爲めに損傷を生じ易き種類の貨物は營業上之れを避くるを得策とす故に

一　脆弱なる物品　　二　發火し易き物品

三　流動質の物品　　四　腐敗し易き物品

此種の庫物は藏移をなさゞる事とせり

（ろ）發送手續　藏移を請求せんとするものは藏移申込書に左の事項を記載

し且つ其證券に受取人の住所氏名を裏書し署名捺印の上倉庫へ差出すを要す

一　預證券及質入證券の番號

二　藏移品の荷印、品名個數及び數量

三　現在保管倉庫及び仕向倉庫

四　受取人の營業所又は住所氏名

五　保險金額並に替換金額

六　掛費用の元拂又は着拂なる事

藏移貨物にして荷爲換付なるときは爲換取組銀行と連署し其銀行は其質入證券に仕向取引銀行の營業所及び行名を裏書し預證券と共に差出すべきものとす倉庫之れを承諾したるときは其證券に受付年月日及び發送並に仕向倉庫を記入したる後ち之れを還付し之れと同時に藏移臺帳と割印したる藏移承諾書を交付す(尤も此場合に於て證券面に記したる保管期限運送中に滿了すべきものなるときは新證券に書替をなすものとす)斯くて發送人は證券及び藏移承諾書を仕向地の受取人に送付し倉庫は直ちに運送取扱人に附託して送付の手續

をなし一方には左の事項を仕向倉庫へ通知し且つ海上運送なるときは船荷證券、陸上運送なるときは貨物引換證を同時に送附するものとす

一　藏移承諾書に記載せる事項

二　證券に記載せる事項

三　藏移品に關する立替金其他諸入費

(は)　貨物の到達藏移貨物到達したるときは被仕向倉庫は仕向倉庫より到達したる證券の寫によりて現品を檢査し相違なきときは直ちに庫入し若し相違ありたるときは損害賠償請求の留保をなすべきものとす受取人は又た貨物到着の報知と共に其證券を持參し被仕向倉庫の證券に書替を求むるを要す(此方法は被仕向倉庫に於て更に保管を繼續する場合を想像したるものなり)

(に)　運送中倉庫の責任及保險　責任は仕向倉庫の負擔する處にして仕向倉庫が依託せる運送人及運送取扱人が負擔すべき責任と同じく且つ運送人及運送取扱人の選擇及運送に關する注意を怠らざりしときは藏移品の喪失毀損又は延着に付責任を負ふ事なし尤も依託せる運送人及運送取扱人が負擔すべき

責任の程度は運送業者又は取扱業者の異なるに從ひ各々異なるが故に倉庫業者の責務も亦た自づから時によりて差異あるを免れず

火災保險は藏移品庫出發送の時に其契約を解除し之れと同時に運送保險を附するものにして保險金額は積込地に於ける價格、運賃、保險料、及其他の費用を合計したる額を以て極度とし(運送保險は火災保險の場合と同じく倉庫と保險會社の特約及び保險會社の規則による)貨物仕向倉庫に到達庫入したるときは運送保險を解除し更に證券面記載の保險金額により直ちに火災保險を附するものなりとす

(ほ) 送運中の貨物引取手續　藏移人又は受取人の都合によりて運送中便宜の場所に於て之れを受取らんとするときは倉庫に證券を差出し之れに關したる諸費用を支拂ひ船荷證券又は貨物引換證の交付を受け運送人に就きて之れを引取ることを得べし最も此場合に於て引取人に於て格別に異議を陳べずして運送品を受領したるときは倉庫は最早其責に任ぜざるものとす

(へ) 諸費用　藏移品に對する立換金、藏敷料、保管料、保險料及運送賃其他の諸

入費は元拂を本則とするも例外として藏移人又は受取人の都合上着拂の取扱をなす事あるべし又藏移の中止を申込みたる場合に於ても既に要したる費用及ひ之れが要すべき費用は必ず倉庫に於て申受くるものとす

以上は前陳の如く某々倉庫間の特約に就きて參考の爲めに陳述せるものにして素より他の倉庫間に訂約せるものとは其趣を異にする所尠からざるべし又た此契約は單に倉庫間の特約に過ぎざるものなるが故に藏移人及受取人は此契約を承諾するにあらざれば其効果を受くる事なきは言を待たざるなり

四代金取立取扱

四代金取立取扱　此業務は元來銀行、業の範圍に屬するものにして倉庫業者も亦た出來丈け現金の取扱を避くるを可とするか故に漸次其範圍を縮少しつゝあるは事實なり此業務は預け主が寄託貨物を賣却したるときに當りて特に倉庫業者に命じて其代金引換に保管貨物の引渡をなさしむるにあり倉庫業者は預け主の通知により受取人の何人なるやを承知するか故に受取人現出したるときは現金を受取之れを保管期間又は全部賣渡濟となる迄預り置き其の期に到り保管料手數料其他、一切の費用を控除し其殘餘金、を預主に證劵と引換ひ支拂ふものとす然しながら此の方法は新商法の實施と共に其跡を絶つに至るべし何となれば商法の規定は保管貨物の讓渡及び引渡は必ず證券を以てすべき事を命ずるを以てなり即ち讓渡人は預證券を引渡さずして貨物の授受をなす能はず從つて倉庫業者は預證券を所持せざるものに對して貨物を引渡す事を得ざるなり

從來又た貨物が銀行其他へ債務の擔保として提供せられたる塲合に於て預け主之れを他へ賣却の爲め其一部を庫出しせんと欲する時にありて預け主より代金の取立を依頼するときは會社は内出の都度之れに相當の代金と引換に貸物を内渡し受領金額は債務辨濟期日迄債權者の爲めに之れを預り置き之れに前債權と同様の利息或は相當の日歩を附し期日に至り預主に代りて債權者へ返濟し證券を受け戻す事行はれたり然れども此方法も現行法の下に行はるべからざるは言を俟たす

五顆賣　此業務は未だ我國には行はれざる處なれども英國にては既に重要業務の一なり即ち寄託者の依頼によりて時々行ふ處にして定刻となれば群集庫

六通關手續取扱

英國の倉庫組織

内に雜査すといふ此方法は割安に買落するを得るが故に小賣商人には非常に便利にして一般人民も亦た從つて利德すといふ

六通關手續取扱　稅關には繁雜なる手續存するか故に倉庫によりて輸出入共に之れを完濟する事を得るは商人の大に便とする處なり此方法も亦た我國には廣く行はざる處なれども漸次行はるべきは疑を容れざるなり

第八章　英佛の倉庫業

特に茲に英佛二國の倉庫業と題するは深き理由あるにあらず唯た各國に就きて一々敘ぶる能はざるか故に斯業に古き沿革を有し其の組織作用に甚き差異ある二者を撰んで其大略を陳べ以て讀者の參考に供せんとするに外ならず乍然眞に大要に過ぎざれば讀者幸に之を諒せよ

最舊の倉庫は千六百九十九年英國「リハープール」に設置せられたる處のものにして千八百年「ピット」宰相の時に至り「アイル、オブ、ドックス」と稱する倉庫を設立するに及び漸次其數を增加せり當初は單に貨物の積込及陸揚を便にするの目

佛國倉庫組織

的を有せしに過ぎざりしが後に至り商品の保管を受け預證券を發行するに至りて其効用顯著となり英國の商業上に偉大の便益を與へ其發達を助けし事少なからず而して其設立は他の營業組織と同じく自由主義を採れり尤も或る港に限り特許倉庫の存する事ありと雖も之れ例外に屬するものにして後者の存する爲めに前者の存在を妨げざるのみならず業務上に於ても後者の前者に比して敏達なりといふの外他に格別の差異なきものなり

反之して佛國に於ては其設立には認可主義を採れり現行法にては倉庫業を營まんとするものは個人たると法人たると信用組合たるとを問はず地方長官に請願し地方長官は商業會議所又は商事裁判所に諮問し一週間內に其決答をなすを要す若し認許を得たるときは二萬「フラン」乃至十萬「フラン」の保證金を納付すべきものにして保證金は正金、社債券、不動產に對する第一債權の何れを以て之れに充つるものなりとす但し商業會議所又は市會に於て設立を請願し私人に託して其業務を行はしむる塲合にありては保證金は之れを要せず

佛國に於て其設立に斯く干涉する所以は沿革上理由の存する處なり抑も佛國

営業の範圍

に於て倉庫の創設は千八百四十八年にして當時佛國は財政上及び商業上に恐慌を來し諸般の取引全く澁滯し貨物市場に堆積して金融爲めに梗塞し製造業者休業をなすの不得止ものあるに至れり此に於て政府は此の困難を坐視するに忍びず遂に倉庫會社を起して融通の途を開くに至れり設立の目的斯の如きを以て勢ひ政府の監督行はるゝ事となり從つて嚴密の規定を以て之れを律するに至れり故に設立者は各種の條件の爲めに容易に之れを設立する事能はずして其不便少なからざりしが遂に議論を惹起し千八百五十八年及五十九年の改革を經て千八百七十年現行法に改正されしに至り大に自由となりしも尙ほ積年の遺風を存して全く干渉を免るゝ事能はざるなり

營業の範圍に關しては歐洲に二主義あり一は自由主義にして一は法定主義なり後者の中にも其範圍を嚴密にして法規以外に出ずる事能はざるものと營業事項を法定すると同時に當該官廳の認可を得て他の事項をも取扱ふ事を得るものゝ二種あり英國の倉庫は其業務の範圍全く自由にして毫も法律に於て拘束する處なく反之して佛、露、白等の諸國にありては法定主義を採れり而して露國は法定主義中の第一種に屬し佛、白等は第二種のものに屬せり佛國の規定に就きて陳ぶれば營業者は先づ貨物の藏置所と同時に公開御賣の場所を設置する事を得るの外に

一稅關及び入市稅署の手續、保稅倉庫出入の手續、轉地藏移の事

一船長及貨主の間に於ける船舶雇入其他の關係(但し仲買入に關する事は別に法規に據るものとす)

一配達運送船舶よりの積卸又は積込

一關係當事者の申出により貨物を警察に保護せしむる事

以上は貨主の委托を受け其代理人として之れを取扱ふ事を得るものにして他に倉庫業者は起業航海上利便の爲めに力を盡す事を得其外地方長官の認可を得て各種の業務を營む事を得るは前陳するか如し

倉庫業者と貨主の關係、營業上の監督、倉庫設備上の制限其他一切の事項に關し尙ほ陳述すべき事夥しと雖も混雜すべきか故に之れを署し直ちに倉庫業の要務なる證劵の發行及運用に關して聊か之れを陳ぶべし

英國の倉庫證券

倉庫の發行する證券に關して單行主義と復行主義の二ある事は曾つて陳べたる處なり單行主義とは單に預證券のみを交付する處のものにして復行主義は預證券と質入證券の二者を格別の目的を以て發行するものなり然しながら單行主義の國と雖も必ずしも單一なる證券のみを發行するに止まるものにあらずして金融上各種の不便を排除せんが爲めに其實他の證書を交付する事あるは以下說明する處によりて明かにして純粹ある單行主義は現時の商業の程度に於ては持續すべからざるものなりとす帝國にても近頃迄單行主義により預證券のみを交付し來り新商法の實施と共に復行主義を採用する事となりしが現時商人は從來の慣行上反つて單行主義の便利を稱し新法の不便を唱ふるものありと雖も是れ畢竟帝國商業の未進と慣習力の惰性の然らしむる處にして數年を出でずして必ずや復行主義の便利に浴する事あるに至るべきを信じて疑はざるなり

英國は單行主義にして其發行する證券は「ワーラント」と稱す此證券は寄託貨物によりて金融の便を得んと欲する貨主の請求によりて交付する處にして保管

貨物に對して必ず發行すべきものにあらず(普通)寄託主を通じて交付するものは「ドック、ターリー」と稱する受取書なり此ものは保管貨物に對する債權的効力即ち引渡請求權を證明するのみ)「ワーラント」は素より物權的効力を有するものにして之れに依るにあらざれば保管貨物を處分し又は引渡をなす事を得ざるの原則ある事は其性質上言を俟たず

單行主義の結果として預證券は勢ひ二樣の作用をなさゝるを得ず即ち一方には保管貨物讓渡換言すれば所有權移轉の用に供すると同時に他方に於ては質入擔保に供する事を得るものとす

然るに商人は保管貨物の賣買上其全部に對する一通の預證券を以て不便とナす塲合あり此塲合には最初より若しくば「ワーラント」交付後更に數口に分割して相對賣買又は競賣の用に供する事を得此塲合に發行するものは「セール、ワーラント」と稱するものにして賣買用の預證券とす、此證券は單に賣買にのみ使用する事を得るものにして全く擔保に供するを得ず從つて英國の市塲には常に此種の證券を存在し其直段は相塲表中に掲載せらる

「ワーラント」を交付せざる場合には寄託主より倉庫に對して發する處の「デリバリー、オーダー」と稱する引渡命令書によりて保管貨物の全部若しくば一部を藏出する事を得ると雖も「ワーラント」を交付したる場合に於て屢々貨主買主間に賣買約定をなすの際其代價の一部を受領し他の殘部は或期限の後に支拂ふ事とし而して買主は其期限内何時と雖も殘金を辨濟して保管貨物引渡請求の權利を有する事あり此場合に於て貨主は契約と同時に「ワーラント」を引渡すときは相手方の義務履行を待たずして全部の所有權を讓渡す事となり往々不測の損害を蒙る事あるべし然しながら買主も亦た契約による請求權を確保するものなくんば之れが保護薄きに似たり故に當事者双方の權利利益を保護せんが爲めに更に一種の證劵を交付せり之れを「ウヱイト、ノート」若くば「ロット、ノート」といふ

此種の證劵は元來其名を異にして實を同ふするものなり共に「ワーラント」所持人の請求により保管貨物の一部分に對して發行する處にして其劵面には曩に發行したる「ワーラント」の記載事項と同樣の事を掲げ尙ほ貨主は自筆を以て買

主が賣買約定に從ひ其義務を履行する迄の間は劵面記載の貨物に對する「ワーラント」は買主の爲めに所持する旨を追記し又た倉庫の注意として此證劵と之れに相當の「ワーラント」が揃はざるに於ては倉庫は貨物引渡の義務なき旨をも記載するものとす斯くて之れを貨主より買主に交付し以て買主の權利を確保する事を得

然るに「ワーラント」は元來全部の貨物に對して發行するものなるが故に「ウエートノート」發行の場合には必ず之を「セールワーラント」に書替ふるものにして「セールワーラント」の劵面には之れに對して「ウエートノート」を發行せるが故に二者を同時に呈示せざれば貨物を引渡さゞる旨を記載し而して此「セールワーラント」に記載せる貨物の殘部に對しては別に新たに「ワーラント」を交付するものとす

「ウエイトノート」の所持人は支拂期日間に未拂代價を入金し貨主より預證劵を得て倉庫より之れに對する貨物の部分を引出す事を得べし然ながら直接貨主に入金せずして之れを更に他人に讓渡すときは讓受人は貨主及倉庫に對して

譲渡人と同様の權利關係を有するものなり從つて譲受人は代價を皆濟し預證券を揃へて貨物の引取をなす事を得べし預證券の所持人は又た「ウェーアハウス、ノート」の正當なる所持人より殘部の代金を受領せば預證券に裏書して之れを譲渡すものとす然しながら殘部代金の辨濟なきときは「ウェーアハウス、ノート」は全く無效に歸し預證券所持人其權利を回復し曩に「ウェーアハウス、ノート」の所持人より入金したる代價の一部は損失に歸すべし

「ウェーアハウス、ノート」及「ワーラント」の二證券同一人に歸したる場合に於て所持人は必ずしも相當貨物を藏出すべきものにあらず更に自分名義の新預券に書替を請求するも元より其任意なり

貨主にして寄託貨物を擔保に供し金融の便を得んと欲する場合には「ワーラント」に裏書して債權者に交付するを以て足り別に毫も貸借の關係を記入するの必要なきものとす之れと同時に質權者よりは「ワーラント」の性質、債權額及び辨濟期間等を記入したる「レッター、オブデポジット」と稱する預り狀を交付し置き債務の辨濟と同時に「ワーラント」と引換へ還付を受くるものとす然るに貨主は

往々にして一旦質入したる處の貨物を賣買せんと欲する事あるべし此場合には「ワーラント」は既に債權者の手に存するものなれば之れによりて讓渡す事を得ず爲めに時機を失する事尠なからず故に此不便を除くが爲めに貨主は通常豫め倉庫より「ウエートノート」の交付を受け置き任意に第三者へ轉輾讓渡す事を得るものとす

斯くて期日に至れば最後の所持人辨濟し「ワーラント」を受戻す事を得べく若し期日に至りて辨濟を得ざるときは質權者は直ちに其擔保たる「ワーラント」を公賣に附し損失なくして其債權を全ふする事を得べし

以上に於て保管貨物に關する賣買質入等の方法に就き其大躰を陳べたり尙ほ賣買質入等の處分は大躰裏書を以てすべき事を本則とし而して其裏書は所謂「インブランク」と稱するもの即ち裏書人の單純なる署名のみを以てなすを普通とす尤も稀れなる例外として持參人渡の倉庫證券の存する事あれども餘り廣くは行はれざるが如し

佛國に於ても其初にありては預證券の單行をなし來りしが後ちに來りて其不

佛國の倉庫證券

便を感じ遂に預證券と質入證券を分離するに至れり二證券は其發行の時に於ては必ず附着せるものにして後ち各々其目的に從つて流通すべしと雖も玆に一の制限は未だ質入證券を擔保に供せざる以前にありては預證券のみを分離して讓渡す事能はず是れ帝國の倉庫法と其法理を同ふする處にして他人の物を以て濫りに質權を設定する事能はざるのみならず又た預證券所持人の保護上必要存するものといふべし

佛國の倉庫證券は斯の如く復行主義になるものなるが故に其流通及貨物の引渡等に關しては大躰上我倉庫法と甚しき差異なきが故に之を省畧し更に佛國に特別なる質入證券の割引に關する佛國政府の保護手段に付きて一言せんに元來佛蘭西の銀行中佛蘭西銀行及び「スー、コントアールデスコント」は他の銀行に比して確實を重んじ通常信用ある商業手形を割引するには佛蘭西銀行は正確なる三人の保證人を要し「スー、コントアール、デスコント」は二人を要せり然るに質入證券は實際上普通の商業手形と同樣に割引流通するものなれども一の特例として二銀行ともに一人の保證人を省けり其理由とする處は一方に於て質入證劵は保管貨物を共擔保として之れによりて大に其信用を確保さるゝの長所を有するにもよるべけれども沿革上主として其流通を奬勵するの精神に出づるものなりといふ

第九章　倉庫業と銀行業

倉庫業と銀行業とは法律上直接關係を有するものにあらず然しながら經濟上の實際に於ては密着して離るべからざるの關係を有せり即ち倉庫業の主要業務たる倉庫證劵の一半たる質入證劵の作用は本來必ずしも銀行を待たずして其目的を達する事を得べしと雖も現時の商業組織に於ては銀行を離れては到底十分に活動する事能はざる處にして二者は共に相信託して初めて其效用顯著なるを得べきなり蓋し銀行業は各所に散在せる遊資を吸收して他の有用なる方面に運轉する事を目的とするものなるが故に倉庫證劵の所持人は自づから遊金の所在に就きて奔走するの勞なく銀行に密接の取引を有するものは直ちに銀行に就きて(若し取引なきものは倉庫に託して割引周旋を求むる事を得

べし)他の爲替手形若くば約束手形と同樣割引(又たは貸金)を得以て金融上の便宜を得べきなり

倉庫業に對する銀行業の法律的關係は質入證券の上に質權を設定して初めて發生する處にして其關係は受寄者に對する質權者の權利に外ならず故に銀行の權利は商法倉庫法の質入證券被裏書人としての權利にして此點に關する法律論は上來陳べ來りし處なれば最早玆に再論するの必要なし唯だ實際上の取扱方に付きては各章中便宜之を陳べたる事少なからざれども是れ主として理論の方面より觀察したるものなれば讀者の理會上缺點なきを保せず故に特に一章を設けて其順序を明かにする事となせり然れども屢次陳ぶるが如く我商法の倉庫法は解釋上の疑義少なからざれば各倉庫銀行共に互に其意向を異にするの嫌あり從つて一貫したる同一の手續を踐む事能はざるは著書の讀者と共に遺憾とする處なり

荷主倉庫に寄託するときは倉庫は之れに對して預證券及質入證券の二通接續せるものを交付し荷主にして若し其貨物を處分せざらんと欲するときは其儘

に保有し期日迄の間自己の欲する時に之を倉庫に呈示して貨物の引取をなすを得べし若し期日に至り預け續きをなさんとするときは其手續をなす事を要す然るに其手續を怠りたるときは倉庫は其貨物につき法律上若くば契約上の處分をなす事を得るは曾つて陳べたる處なり

荷主其貨物を賣却せんとするときは裏書して質入證券と共に預證券を引渡す事を要し决して預證券のみを分離して交付すべからず而して一旦引渡したる以上は讓渡人と倉庫との間には全く寄託關係なきものなりとす

荷主若し賣却に先ちて質入をなさんとするときは銀行に就きて二證券を呈示し質權設定(割引若くば貸金)をなすを要す此場合には荷主即ち質債務者より質入證券の裏面に債權金額、利息(貸金なるときは)及び辨濟期日と何々銀行へ相違なく辨濟すべき旨を記入し銀行は預證券へ債權額、利息及辨濟期(法定の要件)を記載し二證券を分離して預證券を荷主に還付す斯くて荷主は其預證券のみを以て隨意に貨物を賣買讓渡するを得銀行も亦た其質權を質入證券に裏書して轉ずる事を得べし然れども第一質債務者と銀行は倉庫證券の讓渡によりて其債務を消滅するものにあらずして不足額請求權に應ずるの義務を存する事は曾つて陳べたる處なり(質入證券の再割引は現時未だ多く行はれざるが如し)銀行は質權を設定したるときは辨濟期に至り質債務者若くば預證券の最後の所持人より辨濟を受け質入證券を還付し其債權を完ふし倉庫との關係も全く消滅すと雖も時としては辨濟を得ざる事あり此場合には倉庫に質入證券を呈示して保管貨物に就きて債權を執行せざるべからず然れども倉庫は貨物を保管せずして質債權金額及び辨濟期迄の利息を供託金として保管する事あるが故に銀行は供託金によりてか或は公賣方法によりて其債務を辨濟する事を得るものなりとす

供託金の方法は　元來倉庫證券の流通的性質よりして二證券の所持人は互に相知れざる事を推測したる結果にして預證券の所持人の爲めに設けたる便法なれば銀行倉庫共に毫髮も損耗を蒙る事なし然れども公賣の場合には斯く單純なる能はず即ち貨物の時價如何によりて大に結果を異にせり先づ其手續より陳べんに辨濟期到來したるときは銀行は必ず質債務者に就きて請求すべし

然るに質債務者が故なく之れに應ぜざるか又たは預證券を他に讓渡したるの故を以て辨濟を拒む時は(預證券を他へ讓渡したるときは當事者間には質債務をも併せて讓渡したる意思を有する事明かにして設ひ自己が第一質債務者なればとて預證券讓受人の爲めに債務を履行するが如きは稀有の事實なるべし)銀行は直ちに手形不渡の場合と同手續によりて拒絕證券を作らしめ一週間の期間を經過したる後倉庫に競賣請求をなし斯くて公賣代金中より保管料立替金其の他一切の倉庫が有する先取特權に關する費用を控除し殘金中より債權に充つる事を得而して倘ほ殘金あるときは倉庫に之を保管し後日に至りて預證券所持人に證券と引換に交付するものとす然るに時價の下落等より不足を生じて債權額に充たざる事あるべし此場合には手形不渡の場合と同じく第一質債務者及び其他質入證券の裏書人に就きて不足額請求權を行使する事を得べし然るに銀行は往々にして拒絕證書を作製する事を怠る事なきを保せず又設令之を作製せしむるも其後二週間を經過して倘ほ競賣を請求せざる事あるべし此等の場合に於ては銀行は第一質債務者に對しては倘ほ請求權を有する

も其他の裏書人に對しては最早權利を有せざるものとす
次に陳述すべき事は內出の關係なり此事項は曾つても論じたる如く法律上の難問を惹起せる處にして倉庫と銀行の關係を複雜ならしむる所以なり內出の方法に二種あり一は相當金額の供託方法にして一は相當債務の辨濟方法なり供託方法にも二種あり一は銀行と特約せざるものにして一は特約をなすものなり前者にありては倉庫は荷主の內出請求により全部に對する內出部分の割合に應ずる債權額を受領し辨濟期に至り銀行の請求に對し質入證券と引換に供託金を交付するものにして銀行は辨濟期の到來する迄は內出の有無を全く承知する事を得ざるものなり後者にありては倉庫との特約により銀行に於て質權を設定したるときは其の旨を倉庫に通知する事となし若し倉庫に就きて內出の請求ありたるときは倉庫は相當の金額を受入れ之を銀行に預金となし辨濟期日に至り倉庫は之を引出し銀行に辨濟するものなりとす此方法によるときは右預金に對しては特約により質入證券に對する貸出の場合と同率若しくば少しく割低の利息を付するものにして特別のものなり是れ即ち辨濟期前

の辨濟に於けると同じく利息割戻を此場合に行はんとするの目的に出ずるに外ならず故に右預金の利息は後日に至りて供託者に還付する事となせるが如し一部辨濟の方法を採るときは現行倉庫法に於ては預證券所持人と質入證券所持人は互に相知る事を得ざるを普通とするが故に預證券の所持人は質入證券所持人に就きて辨濟する事能はず從つて内出の目的を達する事を得ざるなりされば此不便を除去せんには是非とも倉庫と銀行と特約をなし倉庫に就きて直ちに質入證券所持人即ち銀行の何者なるやを知る事を得せしむるの必要あり(特約なき銀行に質入證券を移轉したるときは預證券所持人は最早内出をなす事を得ず)此特約によるときは銀行質權を設定したるときは法定の手續をなし之と同時に倉庫に質權の設定を通知す斯くて預證券の所持人は銀行に赴き相當の内入金をなすときは銀行は倉庫へ内出の通知書を交付し倉庫は之によりて一部貨物の引渡をなす事を得然るに曾つて陳べたる處の理由により内出後に證券を流通せしむるは不都合なるを以て預證券と質入證券(質入證券は銀行より持參す)の裏面に内受取事項を認むると同時に禁轉の文字を記入して

裏書讓渡を禁ずるものとす斯くて同一手續によりて數回內出をなし債權全部の辨濟ありたるときは質權解除の通知をなし質入證劵を引渡し辨濟者は殘部の貨物を引取る事を得

吾人は內出に關しては現行倉庫法に於ては必ず一部辨濟の方法によらざるべからずと信ずるが故に左に最も良好と認むる處の某倉庫會社の倉庫證劵及び其他の內出手續に關する書類の雛形を示し以て讀者の參考に供すべし

預證劵雛形

上記ノ貨物正ニ預リ候本證劵及質入證劵引換ニ寄託主又ハ其指圖人ヘ相渡可申候也

明治　年　月　日

地名

何々倉庫株式會社

寄託主

其表面

地名番地　　何々倉庫株式會社

NO.　　預證券

總量	
平均	
保管場所	
保管期間	
保管料	

火災保險金額		保險者	
保險期間			

何某殿

約款

一、受寄物保管中天災事變其他抗拒スベカラザル災厄ニ罹リ又ハ鼠喰蟲入及物品ノ性質又ハ氣候ノ變遷等ニヨリ生ジタル損害ハ當會社其責ニ任セズ

二、保管料は其月十五日ノ前後ニヨリ全月分若クハ半月分ヲ申受クベシ

三、受寄物ノ出入運搬ハ勿論廣告檢査並ニ保存等ニ要シタル諸費用ハ總テ寄託主若クハ預證券所持人ノ負擔タルベシ

四、此證券記載ノ貨物ニ對スル火災保險ニ關シテハ當會社ト火災保險會社トノ特約及該火災保險會社ノ保險規則ヲ遵守スルモノトス

五、此證券ニ記載ナキ事項ハ總テ當會社ノ營業規則ニ據ル者トス

（歐文畧ス）

同 裏 面

取				受			內
印 割	受取印氏名	數 員	年月日	印 割	受取人氏名	數 員	年月日
			年月日				年月日
			年月日				年月日
			年月日				年月日

一金
利 息
辨濟期日
年 月 日
第一質權者

本證劵ノ貨物 殿又ハ其稅關人ヘ御渡可被下候也
年 月 日

（仝上ノ文言）

（仝上ノ文言）

（仝上ノ文言）

本證劵貨物悉皆正ニ受取候也
年 月 日

（歐文署ス）

質入證券の表面は其文言「上記ノ貨物正ニ預リ候本證券及預證券引換ニ寄託主又ハ其指圖ヘ相渡可申候也」とあるのみの差異にて他は悉く預證券と同じければ略す

質入證券裏面

内受取

ノ氏名印	割印	年月日	員數	受取人ノ氏名印	割印
		年月日			
		年月日			
		年月日			

本證券ハ預證券ト共ニ　　殿ニ讓渡候也
年　月　日
（仝上ノ文言）

一金　　利息
辨濟期日
右之利金額　　殿又ハ又指圖人ヘ本證券引換ニ辨濟可致候也
年　月　日

前記元利金額ハ　　殿又ハ其指圖人ヘ御仕拂可被成候也
年　月　日
（仝上ノ文言）

質權設定の場合には特約銀行より

金
受寄物件競賣代金精算ヲ遂テ前記ノ額質權者　　正ニ支
拂候也
　　年　月　日
前記利元金額正ニ受取候也
　　年　月　日

年月日	員　數	受　取　人
年月日		
年月日		
年月日		

質入證劵番號					
記　號					
品　目					
個　數					
寄託者氏名					

右當行へ質入相成候ニ付及御通知候貨主ノ請求ニ依リ前記貨物内出ノ節ハ本證劵貫

社へ差出可申間「自今裏書讓渡ヲ禁ズル旨」御記入被下度候尤內渡請求ノ都度內入金受取證ハ貴社へ交付可致候也

第一債權者

何々倉庫株式會社御中

右債權通知書を倉庫に送付するときはこれに對して右同様の欄を設け「右當會社原簿ニ登記致候但前記貨物內渡ノ節ハ該質入證券ニ對スル預證券ニモ「自今裏書讓渡ヲ禁ズル旨」記入可致候也、何々銀行御中、何々倉庫株式會社」と書したる債權記入通知書を同銀行へ交付す斯くて內渡の請求者ありたる時は貨物內渡請求證を倉庫へ送達す其雛形は左の如し

寄託主姓名	預證券番號	質入證券番號	倉庫番號

記號品種	第何回內出個數

右內出貨物ニ對スル辨濟金領收濟ニ付前記貨物內出數量第何〇〇〇號預證券所持人ヘ御渡相成度質入證券貴社ヘ持參迄ノ間本證差出置候也

但第一回內出ノ塲合ニ於テハ質入證券及預證券ヘ裏書讓渡ヲ禁スル旨御記入濟ノ上御渡相成度候

年　月　日

第一質權者

何々倉庫株式會社御中

債務悉皆辨濟せるときは左の雛形の質權解除通知書を銀行より交付す

何々倉庫株式會社御中

質入證券番號	品目	個數	寄託主	預證券所持人

以上各雛形に就き前章以來陳ぶる處を參照せば倉庫業の作用自づから明瞭となるべし然れども前に陳ぶるが如く此雛形は或倉庫のものに過ぎざれば之を以て他の倉庫も亦た同樣なりと推測せらるゝ時は著者大に迷惑すべきが故に豫め幾重にも讀者の注意を希望する處なり

序に本章の終りに一言すべきは倉庫證劵の流通に關する修正案の事なり其修正案は主として銀行家より提出せんとするものにして東京銀行集會所は未だ其意見を發表せずと雖も大阪及神戸の集會所は已に之を發表せり大阪銀行集會所の意見は其要領左の如し

(一)現行商法の意義を明かにする爲めの修正案

(一)三六七條の次に左の一條を設くる事

質權設定の後預證劵の讓渡ありたるときは讓渡人及讓受人は連署を以て之

れを倉庫業者に通知し倉庫營業者は其旨を帳簿に記載する事を要す
前項の通知を爲さゞりし時は讓受人は其讓受を以て倉庫業者其他の第三者に對抗する事を得ず
(二)三六八條「辨濟期に至り」の下に「預證券の所持人より」の九字を加ふ
(三)三七二條を左の通修正する事
質入證券の所持人は先づ寄託物に付辨濟を受け尙ほ不足あるときは領收證券の所持人質入證券裏書人及質權設定後の預證券裏書人に對し其不足額を請求するを得
(四)三七二條の次に左の一條を加ふ
質入證券の裏書人が其所持人に對して支拂を爲したるときは其前者及質權設定後の預證券裏書人に對して償還の請求を爲す事を得
質權設定後預證券裏書人が前項の支拂をなしたるときは其後者に對し償還の請求をなす事を得償還請求の手續に付きては手形に關する規定を準用す
(五)三八〇末第一項末文に左の規定を加ふ

但し債權者の承諾により寄託物の一部の出庫をなすときは預證券所持人は其出庫物の割合に應ずる債權額及其辯濟期迄の利息を倉庫業者に供託するを要す

(二)二枚證券と共に一枚證券併用に付きての修正案

(一)三八三條の次に左の二條を加ふ

倉庫業者は寄託者の請求により第三百五十八條の規定に因らずして寄託物の倉荷證券を交付する事を得

前項の場合に於ては次條の規定の外本節の規定を使用す

倉庫證券に質權設定の裏書をなすには債權額共利息及辨濟期を記載せざるも單に質入の旨を裏書する事に因り其權を以て第三者に對抗するを得

神戸銀行集會所の修正案は大阪と異なり法文躰をなさずして希望を陳ぶるものに過ぎず而して倉庫に關しては二ヶ條にして一は大阪集會所と同じく復行證券と單行證券の併行主義を欲する者にして二は內出に關しては大阪の如く供託とせずして辨濟となせり但し此場合に於ては競賣後の不足額請求權は前

者に對して之を有せざるものとなせり
今之等の修正案に對して一々之を評論するの必要なしと雖も大躰上大阪の修正案は銀行家の注文丈に質權保全の點に於ては盡せるが如し然れども法文として吾人の疑ふ所二三點を擧ぐれは
(一)質權設定后の預證券の讓渡は之を倉庫業者に通知するにあらざれば讓渡人以外の者に對抗するを得ずといふは預證券の最後の所持人を以て債務者となすの結果として斯くせるものなるべし此方法は質入證券の所持人にとりては非常の便利なり然れども元來倉庫證券は一方に於て法律上當然指圖證券にして任意に轉輾流通する事を得るものなるにも拘はらず他方に於て其讓渡を倉庫に通知するにあらざれば第三者は勿論倉庫にも對抗する事を得ずとなすは倉庫證券を以て指名債權と同視するの獘あり
現時此方法を採る所の倉庫業者は神戸棧橋會社にして同社は近頃倉庫業を開始し預證券質入證券共に其讓渡は之を通知すべき事を明記せり
(二)預證券最後の所持人を以て債務者となすといふ事は立法上勿論差支なし唯

だ質入後の預證券裏書人に對して不足額の請求權ありとなすは質權者をして其權利を完ふせしむるには此上なしとするも他方に於て預證券の裏書人に酷なるものといふべし元來質入證券の裏書人が不足額の請求に應ずる事は再質の觀念上其理由存する事なりと雖とも已に一旦預證券最後所持人を以て債務者となす以上は之れか裏書人は債務を共に讓渡したるものにして讓渡後に於て尙ほ債務を有するものなりとなす事能はす加之ならず斯くの如く規定するときは預證券裏書人の權利は非常に安固を缺ぐるものにして不確實となり其流通上に大なる障害を來すべし

要之するに吾人は第一質入裏書人を以て債務者となし其後に於ける預證券の所持人を以て他人の債務の爲めにする質物の提供者として倉庫關係を論ずるを最も適當と信ずるものなり

其他内出に關する供託金の事及發行證書の外更に單獨證券の發行をなすべきや否やに付きては嘗て論じたるが故に畧す

税關及倉庫論　終

明治三十三年二月廿五日印刷
明治三十三年二月廿八日發行

（稅關及倉庫論並製）
定價金三拾五錢

著者 岸崎昌
東京市日本橋區本町三丁目八番地
發行者 大橋新太郎
東京市牛込區市ケ谷加賀町一丁目十二番地
印刷者 佐久間衡治
東京市牛込區市ケ谷加賀町一丁目十二番地
印刷所 株式會社秀英舍工場

東京市日本橋區本町三丁目
發兌元 博文館
電話番號 營業用本局三百三番 編輯用本局千十八番

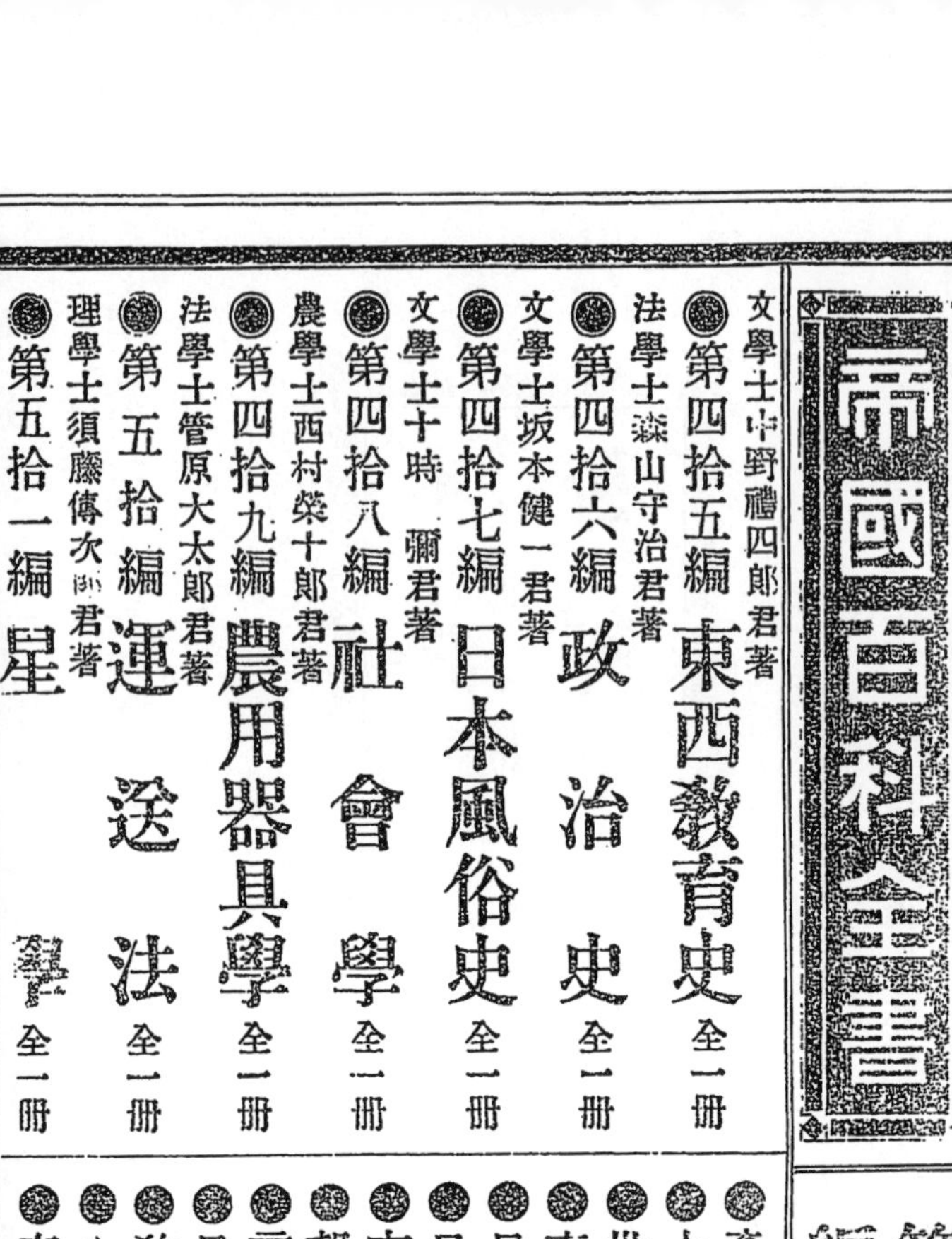

第四拾五編以下 續刊目次

- 森林保護學 農學士新島善道君著
- 十九世紀文明史 文學士高山林次郎君著
- 世界文學史 文學士上田敏君著
- 東洋歷史 文學士幸田成友君著
- 日本文明史 文學士大町芳衛君著
- 日本文學史 文學士大町芳衞君著
- 支那文明史 文學士白河次郎君著
- 邦語佛文典 文學士松井知時君著
- 言語學 文學士藤岡勝二君著
- 日本文典 文學士岡田正美君著
- 教育學 文學士熊谷五郎君著
- 心理學 文學士下田次郎君著
- 東洋哲學史 文學博士松本文三郎君著

税關及倉庫論 **別巻 1234**

2019(令和元)年7月20日　復刻版第1刷発行

著　者　岸　崎　昌

発行者　今　井　貴
　　　　渡　辺　左　近

発行所　信　山　社　出　版

〒113-0033　東京都文京区本郷6-2-9-102
モンテベルデ第2東大正門前
電　話　03（3818）1019
FAX　03（3818）0344
郵便振替 00140-2-367777(信山社販売)

Printed in Japan.

制作／(株)信山社，印刷・製本／松澤印刷・日進堂

ISBN 978-4-7972-7353-3 C3332

別巻　巻数順一覧【950～981巻】

巻数	書　名	編・著者	ISBN	本体価格
950	実地応用町村制質疑録	野田藤吉郎、國吉拓郎	ISBN978-4-7972-6656-6	22,000円
951	市町村議員必携	川瀬周次、田中迪三	ISBN978-4-7972-6657-3	40,000円
952	増補 町村制執務備考 全	増澤鐵、飯島篤雄	ISBN978-4-7972-6658-0	46,000円
953	郡区町村編制法 府県会規則 地方税規則 三法綱論	小笠原美治	ISBN978-4-7972-6659-7	28,000円
954	郡区町村編制 府県会規則 地方税規則 新法例纂 追加地方諸要則	柳澤武運三	ISBN978-4-7972-6660-3	21,000円
955	地方革新講話	西内天行	ISBN978-4-7972-6921-5	40,000円
956	市町村名辞典	杉野耕三郎	ISBN978-4-7972-6922-2	38,000円
957	市町村吏員提要〔第三版〕	田邊好一	ISBN978-4-7972-6923-9	60,000円
958	帝国市町村便覧	大西林五郎	ISBN978-4-7972-6924-6	57,000円
959	最近検定 市町村名鑑 附 官国幣社 及 諸学校所在地一覧	藤澤衛彦、伊東順彦、増田穆、関惣右衛門	ISBN978-4-7972-6925-3	64,000円
960	鼇頭対照 市町村制解釈 附 理由書 及 参考諸布達	伊藤寿	ISBN978-4-7972-6926-0	40,000円
961	市町村制釈義 完　附 市町村制理由	水越成章	ISBN978-4-7972-6927-7	36,000円
962	府県郡市町村 模範治績　附 耕地整理法 産業組合法 附属法令	荻野千之助	ISBN978-4-7972-6928-4	74,000円
963	市町村大字読方名彙〔大正十四年度版〕	小川琢治	ISBN978-4-7972-6929-1	60,000円
964	町村会議員選挙要覧	津田東璋	ISBN978-4-7972-6930-7	34,000円
965	市制町村制 及 府県制　附 普通選挙法	法律研究会	ISBN978-4-7972-6931-4	30,000円
966	市制町村制註釈 完　附 市制町村制理由〔明治21年初版〕	角田真平、山田正賢	ISBN978-4-7972-6932-1	46,000円
967	市町村制詳解 全　附 市町村制理由	元田肇、加藤政之助、日鼻豊作	ISBN978-4-7972-6933-8	47,000円
968	区町村会議要覧 全	阪田辨之助	ISBN978-4-7972-6934-5	28,000円
969	実用 町村制市制事務提要	河邨貞山、島村文耕	ISBN978-4-7972-6935-2	46,000円
970	新旧対照 市制町村制正文〔第三版〕	自治館編輯局	ISBN978-4-7972-6936-9	28,000円
971	細密調査 市町村便覧(三府 四十三県 北海道 樺太 台湾 朝鮮 関東州)　附 分類官公衙公私学校銀行所在地一覧表	白山榮一郎、森田公美	ISBN978-4-7972-6937-6	88,000円
972	正文 市制町村制 並 附属法規	法曹閣	ISBN978-4-7972-6938-3	21,000円
973	台湾朝鮮関東州 全国市町村便覧 各学校所在地〔第一分冊〕	長谷川好太郎	ISBN978-4-7972-6939-0	58,000円
974	台湾朝鮮関東州 全国市町村便覧 各学校所在地〔第二分冊〕	長谷川好太郎	ISBN978-4-7972-6940-6	58,000円
975	合巻 佛蘭西邑法・和蘭邑法・皇国郡区町村編成法	箕作麟祥、大井憲太郎、神田孝平	ISBN978-4-7972-6941-3	28,000円
976	自治之模範	江木翼	ISBN978-4-7972-6942-0	60,000円
977	地方制度実例総覧〔明治36年初版〕	金田謙	ISBN978-4-7972-6943-7	48,000円
978	市町村民 自治読本	武藤榮治郎	ISBN978-4-7972-6944-4	22,000円
979	町村制詳解　附 市制及町村制理由	相澤富蔵	ISBN978-4-7972-6945-1	28,000円
980	改正 市町村制 並 附属法規	楠綾雄	ISBN978-4-7972-6946-8	28,000円
981	改正 市制 及 町村制〔訂正10版〕	山野金蔵	ISBN978-4-7972-6947-5	28,000円

別巻　巻数順一覧【915～949巻】

巻数	書　名	編・著者	ISBN	本体価格
915	改正 新旧対照市町村一覧	鍾美堂	ISBN978-4-7972-6621-4	78,000円
916	東京市会先例彙輯	後藤新平、桐島像一、八田五三	ISBN978-4-7972-6622-1	65,000円
917	改正 地方制度解説〔第六版〕	狭間茂	ISBN978-4-7972-6623-8	67,000円
918	改正 地方制度通義	荒川五郎	ISBN978-4-7972-6624-5	75,000円
919	町村制市制全書 完	中嶋廣蔵	ISBN978-4-7972-6625-2	80,000円
920	自治新制 市町村会法要談 全	田中重策	ISBN978-4-7972-6626-9	22,000円
921	郡市町村吏員 収税実務要書	荻野千之助	ISBN978-4-7972-6627-6	21,000円
922	町村至宝	桂虎次郎	ISBN978-4-7972-6628-3	36,000円
923	地方制度通 全	上山満之進	ISBN978-4-7972-6629-0	60,000円
924	帝国議会府県会郡会市町村会議員必携 附関係法規 第1分冊	太田峯三郎、林田亀太郎、小原新三	ISBN978-4-7972-6630-6	46,000円
925	帝国議会府県会郡会市町村会議員必携 附関係法規 第2分冊	太田峯三郎、林田亀太郎、小原新三	ISBN978-4-7972-6631-3	62,000円
926	市町村是	野田千太郎	ISBN978-4-7972-6632-0	21,000円
927	市町村執務要覧 全 第1分冊	大成館編輯局	ISBN978-4-7972-6633-7	60,000円
928	市町村執務要覧 全 第2分冊	大成館編輯局	ISBN978-4-7972-6634-4	58,000円
929	府県会規則大全 附 裁定録	朝倉達三、若林友之	ISBN978-4-7972-6635-1	28,000円
930	地方自治の手引	前田宇治郎	ISBN978-4-7972-6636-8	28,000円
931	改正 市制町村制と衆議院議員選挙法	服部喜太郎	ISBN978-4-7972-6637-5	28,000円
932	市町村国税事務取扱手続	広島財務研究会	ISBN978-4-7972-6638-2	34,000円
933	地方自治制要義 全	末松偕一郎	ISBN978-4-7972-6639-9	57,000円
934	市町村特別税之栞	三邊長治、水谷平吉	ISBN978-4-7972-6640-5	24,000円
935	英国地方制度 及 税法	良保両氏、水野遵	ISBN978-4-7972-6641-2	34,000円
936	英国地方制度 及 税法	髙橋達	ISBN978-4-7972-6642-9	20,000円
937	日本法典全書 第一編 府県制郡制註釈	上條慎蔵、坪谷善四郎	ISBN978-4-7972-6643-6	58,000円
938	判例挿入 自治法規全集 全	池田繁太郎	ISBN978-4-7972-6644-3	82,000円
939	比較研究 自治之精髄	水野錬太郎	ISBN978-4-7972-6645-0	22,000円
940	傍訓註釈 市制町村制 並ニ 理由書〔第三版〕	筒井時治	ISBN978-4-7972-6646-7	46,000円
941	以呂波引町村便覧	田山宗堯	ISBN978-4-7972-6647-4	37,000円
942	町村制執務要録 全	鷹巣清二郎	ISBN978-4-7972-6648-1	46,000円
943	地方自治 及 振興策	床次竹二郎	ISBN978-4-7972-6649-8	30,000円
944	地方自治講話	田中四郎左衛門	ISBN978-4-7972-6650-4	36,000円
945	地方施設改良 訓諭演説集〔第六版〕	鹽川玉江	ISBN978-4-7972-6651-1	40,000円
946	帝国地方自治団体発達史〔第三版〕	佐藤亀齢	ISBN978-4-7972-6652-8	48,000円
947	農村自治	小橋一太	ISBN978-4-7972-6653-5	34,000円
948	国税 地方税 市町村税 滞納処分法問答	竹尾高堅	ISBN978-4-7972-6654-2	28,000円
949	市町村役場実用 完	福井淳	ISBN978-4-7972-6655-9	40,000円

別巻　巻数順一覧【878～914巻】

巻数	書　名	編・著者	ISBN	本体価格
878	明治史第六編 政黨史	博文館編輯局	ISBN978-4-7972-7180-5	42,000円
879	日本政黨發達史 全〔第一分冊〕	上野熊藏	ISBN978-4-7972-7181-2	50,000円
880	日本政黨發達史 全〔第二分冊〕	上野熊藏	ISBN978-4-7972-7182-9	50,000円
881	政党論	梶原保人	ISBN978-4-7972-7184-3	30,000円
882	獨逸新民法商法正文	古川五郎、山口弘一	ISBN978-4-7972-7185-0	90,000円
883	日本民法鼇頭對比獨逸民法	荒波正隆	ISBN978-4-7972-7186-7	40,000円
884	泰西立憲國政治攬要	荒井泰治	ISBN978-4-7972-7187-4	30,000円
885	改正衆議院議員選擧法釋義 全	福岡伯、横田左仲	ISBN978-4-7972-7188-1	42,000円
886	改正衆議院議員選擧法釋義 附 改正貴族院令,治安維持法	犀川長作、犀川久平	ISBN978-4-7972-7189-8	33,000円
887	公民必携 選擧法規ト判決例	大浦兼武、平沼騏一郎、木下友三郎、清水澄、三浦數平	ISBN978-4-7972-7190-4	96,000円
888	衆議院議員選擧法輯覽	司法省刑事局	ISBN978-4-7972-7191-1	53,000円
889	行政司法選擧判例總覽―行政救濟と其手續―	澤田竹治郎・川崎秀男	ISBN978-4-7972-7192-8	72,000円
890	日本親族相續法義解 全	髙橋捨六・堀田馬三	ISBN978-4-7972-7193-5	45,000円
891	普通選擧文書集成	山中秀男・岩本溫良	ISBN978-4-7972-7194-2	85,000円
892	普選の勝者 代議士月旦	大石末吉	ISBN978-4-7972-7195-9	60,000円
893	刑法註釋 卷一～卷四(上卷)	村田保	ISBN978-4-7972-7196-6	58,000円
894	刑法註釋 卷五～卷八(下卷)	村田保	ISBN978-4-7972-7197-3	50,000円
895	治罪法註釋 卷一～卷四(上卷)	村田保	ISBN978-4-7972-7198-0	50,000円
896	治罪法註釋 卷五～卷八(下卷)	村田保	ISBN978-4-7972-7198-0	50,000円
897	議會選擧法	カール・ブラウニアス、國政研究科會	ISBN978-4-7972-7201-7	42,000円
901	鼇頭註釈 町村制　附 理由 全	八乙女盛次、片野続	ISBN978-4-7972-6607-8	28,000円
902	改正 市制町村制　附 改正要義	田山宗堯	ISBN978-4-7972-6608-5	28,000円
903	増補訂正 町村制詳解〔第十五版〕	長峰安三郎、三浦通太、野田千太郎	ISBN978-4-7972-6609-2	52,000円
904	市制町村制 並 理由書　附 直接間接税類別及実施手続	高崎修助	ISBN978-4-7972-6610-8	20,000円
905	町村制要義	河野正義	ISBN978-4-7972-6611-5	28,000円
906	改正 市制町村制義解〔帝國地方行政学会〕	川村芳次	ISBN978-4-7972-6612-2	60,000円
907	市制町村制 及 関係法令〔第三版〕	野田千太郎	ISBN978-4-7972-6613-9	35,000円
908	市町村新旧対照一覧	中村芳松	ISBN978-4-7972-6614-6	38,000円
909	改正 府県郡制問答講義	木内英雄	ISBN978-4-7972-6615-3	28,000円
910	地方自治提要 全　附 諸届願書式 日用規則抄録	木村時義、吉武則久	ISBN978-4-7972-6616-0	56,000円
911	訂正増補 市町村制問答詳解　附 理由及追輯	福井淳	ISBN978-4-7972-6617-7	70,000円
912	改正 府県制郡制註釈〔第三版〕	福井淳	ISBN978-4-7972-6618-4	34,000円
913	地方制度実例総覧〔第七版〕	自治館編輯局	ISBN978-4-7972-6619-1	78,000円
914	英国地方政治論	ジョージ・チャールズ・ブロドリック、久米金彌	ISBN978-4-7972-6620-7	30,000円

別巻　巻数順一覧【843 ～ 877 巻】

巻数	書　名	編・著者	ISBN	本体価格
843	法律汎論	熊谷直太	ISBN978-4-7972-7141-6	40,000 円
844	英國國會選擧訴願判決例 全	オマリー、ハードカッスル、サンタース	ISBN978-4-7972-7142-3	80,000 円
845	衆議院議員選擧法改正理由書 完	内務省	ISBN978-4-7972-7143-0	40,000 円
846	戇齋法律論文集	森作太郎	ISBN978-4-7972-7144-7	45,000 円
847	雨山遺稾	渡邉輝之助	ISBN978-4-7972-7145-4	70,000 円
848	法曹紙屑籠	鷺城逸史	ISBN978-4-7972-7146-1	54,000 円
849	法例彙纂 民法之部 第一篇	史官	ISBN978-4-7972-7147-8	66,000 円
850	法例彙纂 民法之部 第二篇〔第一分冊〕	史官	ISBN978-4-7972-7148-5	55,000 円
851	法例彙纂 民法之部 第二篇〔第二分冊〕	史官	ISBN978-4-7972-7149-2	75,000 円
852	法例彙纂 商法之部〔第一分冊〕	史官	ISBN978-4-7972-7150-8	70,000 円
853	法例彙纂 商法之部〔第二分冊〕	史官	ISBN978-4-7972-7151-5	75,000 円
854	法例彙纂 訴訟法之部〔第一分冊〕	史官	ISBN978-4-7972-7152-2	60,000 円
855	法例彙纂 訴訟法之部〔第二分冊〕	史官	ISBN978-4-7972-7153-9	48,000 円
856	法例彙纂 懲罰則之部	史官	ISBN978-4-7972-7154-6	58,000 円
857	法例彙纂 第二版 民法之部〔第一分冊〕	史官	ISBN978-4-7972-7155-3	70,000 円
858	法例彙纂 第二版 民法之部〔第二分冊〕	史官	ISBN978-4-7972-7156-0	70,000 円
859	法例彙纂 第二版 商法之部・訴訟法之部〔第一分冊〕	太政官記録掛	ISBN978-4-7972-7157-7	72,000 円
860	法例彙纂 第二版 商法之部・訴訟法之部〔第二分冊〕	太政官記録掛	ISBN978-4-7972-7158-4	40,000 円
861	法令彙纂 第三版 民法之部〔第一分冊〕	太政官記録掛	ISBN978-4-7972-7159-1	54,000 円
862	法令彙纂 第三版 民法之部〔第ニ分冊〕	太政官記録掛	ISBN978-4-7972-7160-7	54,000 円
863	現行法律規則全書（上）	小笠原美治、井田鐘次郎	ISBN978-4-7972-7162-1	50,000 円
864	現行法律規則全書（下）	小笠原美治、井田鐘次郎	ISBN978-4-7972-7163-8	53,000 円
865	國民法制通論 上卷・下卷	仁保龜松	ISBN978-4-7972-7165-2	56,000 円
866	刑法註釋	磯部四郎、小笠原美治	ISBN978-4-7972-7166-9	85,000 円
867	治罪法註釋	磯部四郎、小笠原美治	ISBN978-4-7972-7167-6	70,000 円
868	政法哲學 前編	ハーバート・スペンサー、濱野定四郎、渡邊治	ISBN978-4-7972-7168-3	45,000 円
869	政法哲學 後編	ハーバート・スペンサー、濱野定四郎、渡邊治	ISBN978-4-7972-7169-0	45,000 円
870	佛國商法復説 第壹篇自第壹卷至第七卷	リウヒエール、商法編纂局	ISBN978-4-7972-7171-3	75,000 円
871	佛國商法復説 第壹篇第八卷	リウヒエール、商法編纂局	ISBN978-4-7972-7172-0	45,000 円
872	佛國商法復説 自第二篇至第四篇	リウヒエール、商法編纂局	ISBN978-4-7972-7173-7	70,000 円
873	佛國商法復説 書式之部	リウヒエール、商法編纂局	ISBN978-4-7972-7174-4	40,000 円
874	代言試驗問題擬判録 全 附録明治法律學校民刑問題及答案	熊野敏三、宮城浩蔵 河野和三郎、岡義男	ISBN978-4-7972-7176-8	35,000 円
875	各國官吏試驗法類集 上・下	内閣	ISBN978-4-7972-7177-5	54,000 円
876	商業規篇	矢野亨	ISBN978-4-7972-7178-2	53,000 円
877	民法実用法典 全	福田一覺	ISBN978-4-7972-7179-9	45,000 円

別巻　巻数順一覧【810～842巻】

巻数	書　名	編・著者	ISBN	本体価格
810	訓點法國律例 民律 上卷	鄭永寧	ISBN978-4-7972-7105-8	50,000 円
811	訓點法國律例 民律 中卷	鄭永寧	ISBN978-4-7972-7106-5	50,000 円
812	訓點法國律例 民律 下卷	鄭永寧	ISBN978-4-7972-7107-2	60,000 円
813	訓點法國律例 民律指掌	鄭永寧	ISBN978-4-7972-7108-9	58,000 円
814	訓點法國律例 貿易定律・園林則律	鄭永寧	ISBN978-4-7972-7109-6	60,000 円
815	民事訴訟法 完	本多康直	ISBN978-4-7972-7111-9	65,000 円
816	物権法(第一部)完	西川一男	ISBN978-4-7972-7112-6	45,000 円
817	物権法(第二部)完	馬場愿治	ISBN978-4-7972-7113-3	35,000 円
818	商法五十課 全	アーサー・B・クラーク、本多孫四郎	ISBN978-4-7972-7115-7	38,000 円
819	英米商法律原論 契約之部及流通券之部	岡山兼吉、淺井勝	ISBN978-4-7972-7116-4	38,000 円
820	英國組合法 完	サー・フレデリック・ポロック、榊原幾久若	ISBN978-4-7972-7117-1	30,000 円
821	自治論 一名人民ノ自由 巻之上・巻之下	リーバー、林董	ISBN978-4-7972-7118-8	55,000 円
822	自治論纂 全一册	獨逸學協會	ISBN978-4-7972-7119-5	50,000 円
823	憲法彙纂	古屋宗作、鹿島秀麿	ISBN978-4-7972-7120-1	35,000 円
824	國會汎論	ブルンチュリー、石津可輔、讃井逸三	ISBN978-4-7972-7121-8	30,000 円
825	威氏法學通論	エスクバック、渡邊輝之助、神山亨太郎	ISBN978-4-7972-7122-5	35,000 円
826	萬國憲法 全	高田早苗、坪谷善四郎	ISBN978-4-7972-7123-2	50,000 円
827	綱目代議政體	J・S・ミル、上田充	ISBN978-4-7972-7124-9	40,000 円
828	法學通論	山田喜之助	ISBN978-4-7972-7125-6	30,000 円
829	法學通論 完	島田俊雄、溝上與三郎	ISBN978-4-7972-7126-3	35,000 円
830	自由之權利 一名自由之理 全	J・S・ミル、高橋正次郎	ISBN978-4-7972-7127-0	38,000 円
831	歐洲代議政體起原史 第一册・第二册／代議政體原論 完	ギゾー、漆間眞學、藤田四郎、アンドリー、山口松五郎	ISBN978-4-7972-7128-7	100,000 円
832	代議政體 全	J・S・ミル、前橋孝義	ISBN978-4-7972-7129-4	55,000 円
833	民約論	J・J・ルソー、田中弘義、服部徳	ISBN978-4-7972-7130-0	40,000 円
834	歐米政黨沿革史總論	藤田四郎	ISBN978-4-7972-7131-7	30,000 円
835	内外政黨事情・日本政黨事情 完	中村義三、大久保常吉	ISBN978-4-7972-7132-4	35,000 円
836	議會及政黨論	菊池學而	ISBN978-4-7972-7133-1	35,000 円
837	各國之政黨 全〔第1分冊〕	外務省政務局	ISBN978-4-7972-7134-8	70,000 円
838	各國之政黨 全〔第2分冊〕	外務省政務局	ISBN978-4-7972-7135-5	60,000 円
839	大日本政黨史 全	若林清、尾崎行雄、箕浦勝人、加藤恒忠	ISBN978-4-7972-7137-9	63,000 円
840	民約論	ルソー、藤田浪人	ISBN978-4-7972-7138-6	30,000 円
841	人權宣告辯妄・政治眞論一名主權辯妄	ベンサム、草野宣隆、藤田四郎	ISBN978-4-7972-7139-3	40,000 円
842	法制講義 全	赤司鷹一郎	ISBN978-4-7972-7140-9	30,000 円